あたりまえだけど
なかなかできない

51歳から の ルール

たいへん
よくでき
ました

古川裕倫

明日香出版社

会社人生の
最終コーナーを楽しもう

次世代を
応援する50代は
人生の黄金期だ

第2の人生の
第1コーナーを考えよう

まえがき

多くの経営者が座右の書としている司馬遼太郎さんの『坂の上の雲』(文藝春秋)。

激動の明治時代を生きた若者の青春物語である。

主人公の1人、秋山好古《あきやまよしふる》は、

「**単純明快に生きよ**」

「**人間生涯で一事を成せばよい**」

を口癖としていた。後に日本海海戦でロシアバルチック艦隊を撃破する連合艦隊参謀であった弟の秋山真之《さねゆき》に対しても、好古はそう言って、厳しく指導したという。

人は単純に生きて、人生で1つのことを成せばよい。

なんとわかりやすくて、重みがある言葉だろうか。

好古は、幕末に貧乏な下級武士の家庭に生まれ、苦労して陸軍に入る。その後フランスで同国の騎兵隊を学び、日本陸軍の騎兵隊を確立した。日露戦争において、ロシアのコサック騎兵隊と堂々と渡り合って、日本軍を勝利に導いた。

好古が成したもう1つの「一事」はのちに紹介したいが、とりあえず、好古は日本の騎兵隊を確立するという「一事」を自分の人生で成した。

ひるがえって我々は、大変便利で恵まれた時代に生きている。

やろうと思えばなんでもでき、インターネットなどを活用すれば、どんな情報も簡単に入手することができる。

だが、我々は生涯の「一事」を成しているだろうか。

もしくは、残された人生で「一事」を成しうるだろうか。

かく言う私も、何も成さずに人生を終えてしまうかもしれない。まだ「一事」を成していない自覚がある。

50代には、「一事」を成したい。その「一事」は仕事である必要はない。人生で「一事」を成すために、本格的に自分を見つめてみたい。

我々が好古のようなスケールの大きな「一事」を成すことは、なかなか難しいだろう。でも、小さな一事でもいいではないか。

後世のだれかに「あの人は○○を成し遂げた人だ」と言われるように、生きてみたいと思うが、あなたはいかがだろうか。

たった一回の人生。
なにかを成しとげられれば、楽しいじゃないか。

ヒントはたくさんある。

これまで自分のことを考えるのに精一杯であったかもしれないが、たとえば後輩や子供のことを考えてみることだ。

振り返ると私は50代を前にして転職し、慣れない小売業でなかなか上がらない業績を相手に、これまでにないつらい経験もした。いまだに組織を動かし、人を動かすことは難しいと感じる。だから書物や人から学んだことを活かそうと努力してみた。

たとえば、そういう知恵や経験を次世代に順送りし、後世を育てることは我々世代ができる〝一事〟の1つではないだろうか。

50代、そろそろ自分の時間や心に余裕が持てるころだ。

先輩や先人からの教えや、仕事で得た多くの経験が、あなたの中に蓄積されている。そして、それを活かせる方法論も、すでにご存じのことだろう。

これからも学び、明るく語ることによって、50代を人生の黄金期としたいものだ。

これからが勝負である。

2010年4月

古川　裕倫

あたりまえだけどなかなかできない 51歳からのルール

カバーデザイン：ＡＤ　渡邊民人（ＴＹＰＥＦＡＣＥ）
：Ｄ　二ノ宮匡（ＴＹＰＥＦＡＣＥ）

1章

51歳から
の
生き方のルール

51歳からのルール
01

会社人生の第4コーナー、第2の人生の第1コーナー

世渡りのコツも熟知し、会社での経験も豊富である50代。

20代、30代、40代、50代と会社生活を世代に分けると、まさに第4コーナーである。

役員になれるかなれないかの瀬戸際の人もいれば、定年という形が本当に見えてきている人もいる。風向きが刻々と変化する嵐の中で尾根を歩くように、いつどちらに転ぶかによって、天国と地獄の差が出るときかもしれない。

会社でがむしゃらに働いてきた人も、**残りの人生をどう生きたいかと考え始める**頃である。老後や病気、年金という言葉に敏感になる。

家庭を見れば、子供がひとり立ちや結婚する年代でもあり、(これまでの反省も含め)親や家長としての責務も考える頃である。熟年離婚も気になってくる男性も多い。

こういう状況下、**会社では50代が最後の勝負のときである。**時代劇的にいうと、天下分け目の合戦とでも言おうか。

　また、もう1つ大切なことがある。50代は会社生活の第4コーナーであっても、人生全体から見れば、未だ折り返したばかりである。**人生の後半戦、**50代、60代、70代、80代**の中で、第1コーナーなのである。**

　だから、この50代をどう生きるかが大切だ。

　会社生活でどのような最高のゴールを迎えるか、また私生活でどのようなスタートをする準備をするのか。

　本書の読者には、「釈迦に説法」「なにを今さら」と言われるのは覚悟で、先輩や先人の教えを自分なりにお伝えしたい。

　50代半ばのお前に言われたくないとの気持ちは痛いほどわかる。しかし本当にあなたは、一片の迷いもなく、先人の知恵も必要とせず、かように大事な50代を一人で歩む自信をお持ちだろうか。

　かく言う私も、自分の生き方は考えているものの、うまくいくかどうかはわからない。それは無責任だと叱咤されれば、何とも反論のしようがない。

　しかし、手前味噌だが、先輩や先人の教えについては、人一倍研究しているという自負はある。自分への強い戒めも含めて、本書を書き進めることにする。

51歳からのルール

02

お金と地位だけの人生から抜け出そう

人間誰しも金持ちになりたいし、ビジネスパーソンであれば地位もほしい。

確かに、「働けど楽にならざり」ではおもしろくないし、どうせやるなら大きな仕事ができるポジションでやってみたい。人から認められたいという気持ちもよくわかる。

私自身もそういう気持ちが満々であった頃があった。

しかし、**50代にもなって、これだけしか考えていないのであれば、寂しい人生**ではないか。

昔の仲間たちと久しぶりに食事をしたときのこと。私の同期ぐらいの何人かが、「誰々は、今度○○役員になるそうだ」「俺達の年俸は少なすぎる」などの話に終始しているのを聞いて愕然とした。別の話に振ってみても、やはりこの類の話に戻ってしまう。

若い人がお金持ちになりたい、出世したいと思って努力するのは、その年代としては、悪くはない。

だが、**年齢にふさわしい他の何かを求めていく姿勢があってしかるべきではないか。**

あなたは報酬も高く、やっている仕事も大きいだろう。それに加えて、他人や後輩に影響を与えるだけの何かを持っている。

ならば、自分のことだけではなく、**「組織全体や組織を取り巻く社会にも貢献する」「人間力が高い」「いい生き方をしている」**などの柱を持てば、さらに人生が輝くことは間違いない。

「彼は偉くなったなー」と出世した人を言うことがある。「偉い」という言葉は、学校では偉人を指すものとして教えられたが、会社生活では、地位が高いことを意味している。2つ意味があるのだ。ともすれば、我々は、「偉い」という言葉を出世することにしか使っていないが、もう1つの「偉い」の指針を持つべきなのだ。

大和ハウス工業の樋口武男会長が、「偉い」と「立派」は違うと言われていた。出世する人と立派な人は、必ずしも同じではない。立派な人間になれと。

お金も地位も大切だろう。が、それだけを求めるのでは極めて寂しい。

50代という立場をわきまえれば、なおさらだ。

51歳からのルール

03

歳をとって開いていく人になろう

ある友人が、「**人間、歳をとって開いていく人としぼんでいく人がいる**」と言う。

若い頃はほとんど差がないのに、**歳を重ねていくと活き活きしている人と元気がない人の差が広がっていく**。なるほど、周りの人や先輩をよく観察すると、その通りである。

先ほどの樋口会長もまったく70代に見えない。顔が活き活きとしていて、言葉に力があり、大変お元気なのだ。1時間半立ったまま、ときおりユーモアを交えて、力強く話す講演を拝聴すると、いったいどこにそれだけのエネルギーが蓄えられているのかと思ってしまう。

私の尊敬する島田精一さんは、現在、住宅金融支援機構理事長（元三井物産副社長、元日本ユニシス社長）だが、まったく同じである。70代を感じさせない力強さで張りのある声は説得力が極めて高く、やはり元気をいただく。本来若手が元気を差し上げるべきところ、いつも反対である。このパワーはいったいどこから湧き出てくるのだろうか。

他方、50歳そこそこでも、すでにパワーを失っている人間がいる。

どこかジジ臭くて、考え方にも元気がない。

5、6年前のことだが、同年代の6、7名で食事に行ったときのこと。みんなちょうど50歳ぐらいだった。なのに話題が3点に集中している。

「年金」「病気自慢」「女房に今逃げられたらいかに困るか」

いくら話題を変えようとしても、やはりここから離れられない。元気のないグループなのだ。これからなにをしたいという志もないし、目標も明確ではないようだ。積極的に生きているとは思えない。彼らは明らかに、歳をとったらしぼんでいく人たちだろう。

歳をとって開いていく人としぼんでいく人がいるが、その違いはなんだろうか。

体力の違いだけではなさそうである。

基本的に、**考え方や行動力が違う**のだ。開いていく人は前向きで即実践に移そうとする。

1日ではほんの少しの差であっても、毎日毎日過ごすうちにその差が開いてきて、何年もすると大きな差となってしまう。

50代でビジネス書を手に取ったあなたは、歳を重ねてもますます開いていきたい人だろう。ぜひ前向きに生きてもらいたい。

51歳からのルール
04

他人を変えず、自分が変わろう

歳をとるにつれて、人はだんだん他人の話を聞かなくなり、わがままになってくる。

中には、自分の考えを否定されることがおもしろくない、自分流を変えることを嫌がる人もいる。

反面、会社ではだんだん地位が上がり、責任が重くなってくる。自分がどう動くかによって会社の業績や未来に大きな影響を与える立場となる。

なにを今さら、と言われるかもしれないが、**それでも会社や人は変わらなければならないものだ。**

なぜなら、**環境が変わるから**。

インターネットをはじめとする情報産業関連、バイオなどの技術の進歩やさまざまなイノベーションが企業をとりまく。大きな環境変化である。

インフレ、デフレ、為替など経済環境も刻々変化する。

少品種大量生産から多品種少量生産への変化は、人の多様化、個性化がもたらした。一昔前は、ミニスカートが流行れば、見ばえのいい女性もそうでない人もミニをはき、ロングが流行れば魅力的な脚線の女性も引きずるようなスカートを身につけた。今は個性の時代だ。

品質重視と価格重視の両極端の考え方が、市場を二極化している。

儲かっている会社があれば、雨後のタケノコのように競合他社が出現する。

このような環境変化はいつの時代もある。だから、会社やそれを動かす人間も変化していかなければいけない。

「窮すれば通ず」という言葉は、「窮すれば変ず、変ずれば通ず」の短縮版である。困った状態になれば、自ら変化せざるを得ない。変化をすれば、その道に通じ、うまくいく。

優秀な会社は、困ったときに変わるのではなく、窮した状態を想定して、普段から変化している。

会社を引っ張るという大役を仰せつかった人は、これを十分理解している必要がある。

自分流、俺流になりがちな立場にいる者こそ、変化に柔軟でなければいけない。

未知の新しい事物にも、最初から目を背けず、まずは対峙することだ。

会社を変えるとは、自分を変えるということなのだから。

51歳からのルール
05

毎日を反省しよう。おごり高ぶらない

稲盛和夫さんが、講演でこう言われていた。

立ち上げ時代の京セラには従業員が4人しかおらず、自分が判断をしなければいけない立場にあった。だが、自分は技術屋であり、ビジネスの判断によく困った。自分の判断を間違えると、従業員やその家族を路頭に迷わすことにもなりかねない。重要な任務を負っていた。だから、**「善悪」を基準として判断をしてきた**。損得ではなく、善悪で物事を判断したと。

物事の判断基準は、3つあると思う。

- **善悪**
- **損得**
- **好き嫌い**

会社でのさまざまな問題に対して、どの基準で考えているかを明確にしないで、その3つが混在していることはないだろうか。

ビジネスであるから、会社は儲からないといけない。損得も考えなければならないが、**今行おうとしている意思決定は、どれを基準にしているのかを考える**ことも大切である。

ただ、そう思っていても、つい忙しさにかまけてしまう。

自分の上司に対する評価などは、ほとんどの場合、先の判断基準が入り混じっている。上司の善悪の面の悪だけを取り上げて、自分の損得に照らし、自分の好き嫌いでモノをいえば、どんなに立派な上司でもバカ上司にしかならない。

おごり高ぶりも、損得や好き嫌いから発生していたのではないか。

稲盛さんは、夜と朝、洗面所で鏡を見るときに、人として正しく1日を過ごしたかを反省するとも言われていた。

先に紹介した住宅金融支援機構の島田さんも、寝る前に1日を反省するという。

立派な経営者や人間力が高い人は、こういう反省を欠かさないようだ。

自分はどうなんだと聞かれたら、私はできていないとしか返事をできない。頭ではわかっていても、自分に甘い人間である。これから改善していかなくてはいけない。

毎日、反省するときを瞬間でいいからつくって、実行してみたい。

51歳からのルール
06
座右の銘を持ち、語ろう

50代のあなたは、日々会社で重圧に耐えているかもしれない。トップとしての決断に胃の痛む毎日かもしれない。

先に述べた島田精一さんは、2009年12月に『仕事に必要な言葉』（かんき出版）を上梓された。その冒頭を引用させていただく。

「こうやって振り返ると、私のビジネス人生は雨ばかり。晴れ間が覗いた日はほんのわずかです。人間は弱い生き物で、逆風が吹けば逃げたくなるし、失敗すればごまかしたくなる。

…（中略）…それでも立ち止まることなく、なんとか歩み続けることができたのはなぜか。それは、自分を勇気付け、ときには自分を律するような言葉をもつようにしていたからだと思います」

何度も島田さんのお話を伺っているので、私も次をすっかり暗記してしまっている。

「おもしろきこともなき世をおもしろく　すみなすものは心なりけり」

世の中は、おもしろくないことばかりだが、それをおもしろくするのも自分の心の持ち方次第である。この上の句は、吉田松陰の弟子であった高杉晋作の辞世の句である。

島田さんはメキシコ駐在時代、無実の罪で投獄され、精神的にたいへんな思いをされたころ、友人から差し入れされた書物でこの言葉にめぐり会われたという。

「朝の来ない夜はない」「夜明け前が一番暗い」

同じく投獄されていた時期に、勇気づけられた言葉だそうだ。

だれしも問題や悩みを持ち、いろんなことに不安になる。そんなときに、「明けない夜がない」ように、「永遠に解決できない問題はない」と思うこと。

「できるできない」「やれるやれない」と迷う気持ちも、ほとんど自分の考え方次第である。**その気になれば、人間はなんでもできる。**だから、「前向きに明るくやるのだ」と生きることだ。そう信じれば、何度壁にぶち当たっても、そのたびに立ち上がって前に進む勇気が湧いてくる。

自分が信じた言葉は、やがて言霊になる。そしてその言葉を何度も語ると、次の世代に、知らず知らずのうちに浸透していく。

もう1つ付け加えたい。それを語る島田さんの笑顔が素晴らしい。

51歳からのルール 07

後世に順送りしよう

私には3人のメンターがいる。

最初のメンターには、中学生のころから非常によく面倒を見てもらい、いいアドバイスを何度もいただいた。あるとき「どうして、そんなによくして下さるのですか」と尋ねたら、**「ワッハッハ、世の中は順送りだ！」**と返ってきた。

当時はよくわからなかったが、だんだん、その重みがわかってきた。今の私の信条は、**「先輩・先人の教えを後世に順送りすること」**だ。もちろんこの方の教えそのものである。

本書の読者はご存じだろうが、過去は、「人生で一度は仲人をやれ」といわれたものだ。自分の結婚式には仲人をお願いするのだから、自分もだれかの仲人をせよと言うわけだ。

だれかにお世話になったことを、今度は人様にして差し上げる。人としてあたりまえのことではないか。

自分の話ではなはだ恐縮だが、プラチナビジネス塾という「講演会＋異業種交流会」を年に3回主催している。立派な経営者をお招きして、若手に対して語っていただきたいという思いであり、また異業種と交流してもらう趣旨である。

また、世田谷ビジネス塾という勉強会を2年近く行っている。月1回、地元のお好み焼き屋さんに場所を借りて、無料で行っている。

多くの人に勧められてブログを書くことも始めた。ビジネスに役立つ言葉を紹介しているが、慣れていないので、本を書くよりもっと手間がかかる。

それに慣れたら、今度はメルマガをやってみたい。PUSH型（ブログのように読者から見に来てもらうのではなく、こちらから読者に情報を押し出す）の情報発信ならもっとたくさんの若手に伝えられるだろうと思うからだ。

50代ともなって、もし「自分だけよければいい」としか考えていないのなら、非常に寂しいことである。大学生や社会人駆け出しと同じで、そこから進歩がない。

後世に順送りすることの最も身近なことは、会社においては部下を育てることであり、家庭においては子供を教育することだ。

順送りには他にもまだある。第2の人生については、別途書くが、ボランティア活動を通しても後世に残せることは大いにある。

51歳からのルール
08

「最近の若い者は」と嘆かずに若手の話に耳を貸そう

経験を積み、苦労もしてきて、自分なりの判断基準や考え方を持つ40代、50代。まだまだ自分の意見を持っていない部下や後輩に対して、「しっかりやれ」と激励もするし、ある場面においては、歯がゆくもあることだろう。

新入社員から定年までの年代の異なる人間が会社には集まっている。30年、40年の歳の差は、思っているより大きい。**歳の差だけではなく、その間に社会や価値観も変化する**からだ。

たとえば我々の小中学校時代に悪さをすると、先生から「立っていなさい」と叱られ、時にはゲンコツをもらうこともあった。今そんなことをしたら暴力教師である。「父兄会」という言葉には、女性が入っていないので、これもNGらしい。「保護者会」とか「父母会」と言わなければならない。「三歩下がって師の影を踏まず」という言葉は、今は死語かもしれない。「日本人は礼儀正しい」と言うのも、もはや、実態と違うと感じることが多い。

どちらがいい悪いの議論ではなく、今の人は、そういう環境に生きているのだ。

我々は、若者の意見をよく聴いているだろうか。そういう時代や価値観の変化を頭に入れて、聴いているだろうか。

「最近の若い者は」。50代にもなると、この言葉が口からたびたび出そうになる。

だが、これは今に始まったわけではない。昭和1桁生まれの人に明治生まれの人は、「最近の若い者は」と言っていたのだろうし、明治生まれの人には江戸生まれの人が言っていた。「徒然草」にもそのようなことが描かれているし、さかのぼれば縄文時代も同じに違いない。

あなたと若手のなにが違うのか。実は、経験を積んでいるか、少ないかの違いが一番大きい。前者が後者を見ると、経験不足ゆえに幼稚に見えるだけなのだ。

時間をかけて経験を積めば、誰でも上手くことを運べるようになり、そこそこの判断ができるようになるものだ。ましてや会社の仕事などは、慣れや経験がモノを言う。

つまり**「最近の若い者は」と苦々しく感じるのは、人格の問題でも能力の問題でもない。多少の経験の差であり、また時代の変化による価値観の違いである**。我々は、経験が多いから若手がふがいなく見え、自分たちが正しいと信じてきた価値観を優先しているだけだ。

私から見て、若い人であっても、私たちの世代より人格的・能力的に立派な人がたくさんいる。それを意識して、若い人の話を聴かなければならない。

51歳からのルール

09

直言してくれる人が少ないと意識して聴き上手になろう

「人の話を聴くことによって人生の80%は成功する」とはデール・カーネギーの言葉。

この言葉は、若手よりもまさに我々に必要な言葉である。

先輩が会社を卒業していって、上からモノを言ってくれる人が少なくなってくる。反面、若手からみれば、モノを言いにくい年代なのだ。前項で述べた過去の経験や「最近の若い者は」という考え方が、50代の上司が若手の話を聴くのを邪魔する。

我々は、若手の提案に対して「この場合はこうなる」「こういうときはこれが肝心」などと経験に基づいた回答をすぐに思いつく。そして相手の話を半分しか聴かずに、自分が話し始める。だから、また相手が話しにくくなる。「あの人は言っても無駄」と思われたら、まさに話してくれる人はいなくなる。

我々がそれを意識していようといまいと、冷静に考えると、モノを言ってもらえない年代になっているのである。

だから、余計に人の言うことを聴かなければならない。

相手に80言わせて、自分が20言うぐらいの感覚でちょうどいいのだ。

これは部下教育にも通じる。回答をいつも自分が出しているようでは、部下は育たない。

まずは、自問自答をさせて、答えを言わせてみることだ。「**君ならどうしたい**」と。


松下幸之助さんは、人の話を聴く名人であったという。あるとき、部下が新しいことを提案してきた。話を全部聞いてから、「なるほど君のその提案はいい。やってみたらいい」と返事をした。ところが、実は、その案件は、前から幸之助さんが気がついていたことであって、新しい提案でもなんでもなかったという。そこを「君の提案はすばらしい」と言うのだ。

我々は、悲しいかな、若手の話を途中まで聴いて「それはいい案だ。私も前からそれを考えていた」などと言ってしまうのである。

前者は、話をよく聞いて、部下のモチベーションを高めている。後者は、話をよく聴かず、相手のモチベーションを半減させている。もっと言うと、**単に自分の自慢をしているだけ**である。

歳と立場を考えて、聴き上手になりたいものである。

51歳からのルール

10

わがままになる自分に気づくチェック機能を持とう

歳をとると、頑固になる。そしてわがままになる。人のことを聴かなくなるのが、わがままの筆頭である。

ある先輩がボランティア活動をやりたいと、介護に挑戦された。自分は60代だが、もっと年上の人に貢献したいと言う。なかなかご立派な精神である。

が、介護施設に行って、翌日辞めたそうだ。理由は「年寄りがわがままprobableすぎる」とのこと。過去に受けたサービスは断固要求され、気が利かないと文句を言われ、動きが遅いと叱られて、ありがとうの一言もないのだそうだ。

ここまで極端ではなくとも、**我々はだんだんわがままになってきている**のではないだろうか。自戒の念をこめて申し上げている。

食事にしても、あそこのレストランはいいが、ここはダメと言う。好き嫌い程度ならまだかわいいが、絶対に行かないと拒絶するようになる。

同じく、会社でも少し気に食わないところがあれば、「ヤツはダメだ」と一事が万事で烙印を押す。しかもそれを周りに人がいても大声で言う。反論があれば、「俺はそう思っているんだ」「その何が悪いのか」と開き直ってしまう。

この傾向は、会社で見る限り、地位の高い人に多い。成功者であり、自信家である。いつまでたっても出世せずに、失敗を継続的に経験しているのであれば、こうはならない。

50代であって向学心が高く、書店でビジネス書を手に取ってみようとする人たち、つまりあなたこそが、危ないのだ。

「おごり高ぶり」が、わがままになる速度を高める。では、どうすればいいか。

まずは、**反省を謙虚にする**ことだ。自分がおごり高ぶっていないかを毎日反省する。

次に、できるだけ多くの気のおける人間に「**気がついたら何でも言ってくれ**」と言っておくこと。

糖尿病患者は血糖降下剤を服用するが、たまに血糖が下がり過ぎると低血糖でひっくり返ってしまう。これは体に糖分を与えればすぐに回復するから、「自分がひっくり返ったら、砂糖水を飲ませてください」とできるだけたくさんの人に知らせておけとのドクターの教えがある。これと同じ処方である。要は、**自分のチェック機能が必要**なのである。

2章

ワンランク上の
リーダーの
ルール

51歳からのルール
11

ワンランク上のリーダーシップを持とう

なにを今さらと言われるかもしれないが、ここでは、50代の幹部やトップが知っていて実践すべきハイレベルなリーダーシップについて述べたいと思う。

少数の部隊を引っ張るのと大部隊を動かすのは、両方に通じる基本はあるにせよ、同じとはいえない。やはり、**多数を動かすには、それなりのリーダーシップが必要である。**

多くのトップや経営者が座右の書として愛読している司馬遼太郎さんの『坂の上の雲』では、トップの器量が描かれていて、大変参考になる。ちなみに『坂の上の雲』と『竜馬がゆく』はそれぞれ2000万部販売された。全国の世帯数が4000万台であるから、その2作品だけで、日本の一家に1冊近くある計算になるわけだ。

そこでは日露戦争が描かれ、さまざまなリーダーが登場する。

大山巌は、若い頃薩英戦争に参加し英国艦隊の砲術を眼前にして、その威力に驚嘆した。その後、機会あるごとに砲術の勉強を続けてきている。陸軍の総大将である大山は、名参謀である児玉源太郎にすべてを任せた。「**もし、負け戦になったら自分が指揮をとる**」と。

私のように器量が狭いと、「児玉さんにすべてを任せる。ただし、砲術のことは私に聞いてほしい」と最初から言っていたに違いない。

東郷平八郎は、日本海海戦において、飛び来る砲弾のなか、吹きさらしの艦橋の上でピクリとも動かなかったという。艦橋のすぐ下にある鉄板で囲われた司令塔に入るよう部下が勧めたのに入らない。砲弾が水しぶきを上げるので、艦橋の上もずぶ濡れになったが、微動だにしないので東郷の足跡部分は、濡れていなかったという。

また同海戦以前には、ロシア海軍が敷設した機雷に接触して、日本海軍の戦艦2隻を失っていた。全部で6隻しかない戦艦のうち2隻である。その悲劇に参謀や幹部軍人は、声を出して泣いた。しかし艦隊に同乗していた英国の観戦武官が東郷を見舞ったら、にっこり「ありがとう」と言って彼に菓子を勧めたという。

仮に、自社の主力工場のうち3分の1をなんらかの理由で同時に失ったとしたら、その企業トップは狼狽してしまうのではないか。

ビクともしない大器なリーダー。人が心の底から敬愛するリーダー。

こういうリーダーを、我々は目指したい。

51歳からのルール
12
右脳リーダーシップも高めよう

あなたの評価するリーダーシップとは何だろうか。

「方針策定が上手」「計画立案ができる」「理解能力・説明能力が高い」「分析力が高い」「判断力・決断力に長けている」「論理的である」「専門性が高い」「指示・命令が明確」などだろうか。これらはビジネスマンとして重要で、あなたも磨いてきた能力だろう。

仮にこれらを**左脳リーダーシップ**と呼んでみよう。

他方、「あの人の笑顔がいい」「明るい」「ユーモアがある」「気持ちがいい」「さわやか」「心が温かい」「懐が深い」など、人が惹かれる人間性の高いリーダーもいる。また、「一貫性があってぶれない」「逃げない」「素直に自分の失敗を認める」「前向き」「自分をさらけ出すことができる」「いばらない」「心配り・気配りできる」など考え方や姿勢が素晴らしいリーダーもいる。

こうしたものの考え方・姿勢や人を引きつける能力を**右脳リーダーシップ**と呼んでみたい。

50代のリーダーは、左脳と右脳のリーダーシップがバランスしていることが重要である。スキルが高いリーダーと心が温かいリーダー。どちらも大切だが、最後の最後に、人はどちらについていくだろうか。自分が考えてみればわかることである。

特に、**大きな器のリーダーになるには、右脳リーダーシップが欠かせない**のだ。

50代ともなると、会社の中枢で指揮することもあるだろう。

しかし現場のリーダーではなく、大きな組織のトップとなるには、右脳リーダーシップが必要となる。

「できる人」であることも大切であるが、「立派な人」であることは大きな器のリーダーには欠かせないのだ。

私は、左脳的リーダーとして尊敬する人物もたくさん知っているが、優れたリーダーには右脳的リーダーが多いと感じている。右脳リーダーシップが高い人、人間的魅力が高い人には、特に魅力を強く感じる。

残念ながら、自分を振り返ってみるに、やはり左脳タイプから脱せていない。

まずは、ご自分がどちらのタイプであるのか、そして何を追加すればバランスできるのか。一度考えてみていただきたい。

51歳からのルール

13

いい笑顔を持とう

女性の涙に対抗できるかどうかは知らないが、**大人の男の笑顔もいいものだ**。特に、普段高度な仕事に取り組んでいる人や責任ある人物が時折見せる笑顔がいい。

前項で述べた右脳リーダーシップの1つだが、その中でも最も大切なものと思う。右脳リーダーシップは、性格に近いので、左脳リーダーシップ（知識やスキル）より身につけるのに時間がかかる。

しかし、笑顔は、心掛け次第で誰でもできる。

私がチェーン店小売業の社長をしていたときに、テナントの社長を集めたデベロッパーの行事で、「笑顔コンサルタント」の講演があった。

講師はプロだった。

あふれんばかりの笑顔で登壇する。机の上に配布されているワリバシを地面と平行になるように口にくわえて、口角（口の両端）をワリバシより高く引き上げろと指示があった。もっと大きな笑顔をするときは、眉毛の端を思い切り引き下げるといい。両方の眉毛と口が円型になるようにと。あなたも洗面所などで練習されてはいかがだろうか。

これは、小売業に限らず、多くのサービス業でも実践されている。

笑顔の最もいい見本は、女性アナウンサーである。テレビカメラという機械に向かって笑顔をしているのをスタジオで見ると感心してしまう。それに比べると、人に対する笑顔はそんなに難しいものではない。

もう1つ。アナウンサーは、満面の笑みであっても、暗いニュースになれば、瞬時に厳しい表情になっている。場面場面をしっかりわきまえている。これも勉強になる。

念のため、**笑顔と薄ら笑いは大いに違う**こともお伝えしておこう。

周りの人への感謝の気持ちや愛情を頭に思い浮かべれば、いい笑顔となる。

恥ずかしさや、やましい気持ちがあれば、心とは反対になって、薄ら笑いとなってしまう。

いい笑顔を持ちたいものである。

51歳からのルール
14

笑顔の効用を知っておこう

トップや幹部のいい笑顔は、ただ格好いいだけではない。その笑顔が周りに与える影響が大きい。

ある会社の部長は、いつも「忙しい」を連呼し、デスクで苦虫を噛み潰している。気の利く女性部下が、「どうされたのですか」と訊くと、「わかるだろう、俺の仕事の苦しみが」と言ったそうだ。……これでは、いくら知力やスキルが高くても、部下からは尊敬されない。

かく言う私も、会社勤めの頃は、眉間にシワを寄せていたに違いない。それが証拠に、今もくっきりと縦ジワがある。なんとか取れないものかと何度もこすってみたが、取れるものではない。

自然に心から湧き出る笑顔がいいのは当然だが、自然な笑顔であろうと心掛けた笑顔であろうと、**周りは「いい笑顔」になごむ**。

幹部の「眉間にシワ」と「いい笑顔」では、職場の雰囲気がガラリと違う。人は「いい笑顔」にはなごみ、楽しい気持ちで、前向きになる。

トップや幹部が眉間にシワであれば、周りや部下は活き活きとなれない。なごんでいた職場に、外出していた幹部が帰ったら水を打ったようにシーンとしてしまうようではまずい。**社長や幹部が抱えている問題は、中間管理職のものと比較にならないほど大きいに違いない。それにもかかわらず、いい笑顔を時折見せるからいいのだ。**


話は飛ぶが、坂本龍馬はたいそういい笑顔をしていたに違いない。

土佐藩の自分の殿様にもお目通りできない低い身分の若い龍馬が、越前福井藩の殿様松平春嶽や幕府官僚勝海舟と、堂々とわたりあっている。西郷隆盛と桂小五郎を説得して薩長同盟をなし、松平春嶽には神戸の海軍操練所設立に５０００両を出資させている。

龍馬を信じた周りも偉いが、そうさせた龍馬には、相当大きな人間力があったに違いない。

龍馬の笑顔の写真は現存しないが、いい笑顔をしていたと想像する。

右脳リーダーシップが非常に高い人物であったのだろう。また、会う瞬間からの笑顔がよくて、短時間で人の気持ちをぐっと引き付けたに違いない。

そういう笑顔を持ちたいものである。

51歳からのルール
15

知力だけでなく行動力で示そう

ご存知、吉田松陰。幕末の長州藩藩士で、後に安政の大獄で処刑されたが、幼い頃から勉学に精通し、知力極めて高く、多くの書き物を残している。その行動力がものすごい。

松陰は当初は、外国勢を打ち払うべしという尊皇攘夷を唱えていたが、諸外国の実力を知り、1853年米国のペリー率いる黒船が下田に来航するや、早速それを確かめにやってくる。さらに自分の目で米国を見たいと、闇にまぎれて米艦隊に向かって小舟を漕ぎ出し、何と米国に連れて行けと交渉するのだ。米国側は、これを断り、結局松陰は投獄の身となった。

これはドラマではなく、事実である。鎖国の最中に、命がけでこんなことを行動に移したのだ。なんという行動力の高さか、驚嘆してしまう。

さて、松陰まではいかずとも、我々の行動力はいかがだろうか。

50代の読者のように経験豊富で仕事力が高いと、業界・商品知識が高く、理解能力や説明能力、分析力、計画立案能力などの左脳的能力（知力）が高い。

講演や研修を通していろいろな会社・組織とお付き合いがあるが、よく感じることがある。

大組織になればなるほど、「知力が高いが、行動力が乏しい」ケースが多いことだ。

1つの前向きな提案に対して100個のやらない理由が即座にその知力から出てくる。

過去の経験が頭の中のデータベースとなっており、必要なことは即座に検索できる。理解能力も高く説明も上手い。分析もしっかりできる。ただ、自分は行動しない。

しかし行動力の高い上司とそうでない上司では、部下の動きが違ってくる。当然、**動かない上司の部下は、フットワークが悪い。**

さらに言うと、「知力が高くて行動しない」上司よりも、「知力も行動力もない」上司のほうが、まだましかもしれない。「知力も行動力もない」なら、部下に任せる。「みんな頼むぞ」と言うだけのほうが、部下のモチベーションがずっと高いからだ。

我々の年代は、それなりの地位にあり、部下も動かすことができる立場にいる。

あなたが自ら行動する姿を見せることによって、組織が大きく変わる。その気になれば難しいことではない。あなたも、若い頃はそれなりの行動をしたはずだ。

高いリーダーシップを求めるのであれば、高い行動力を持っていたいものである。

51歳からのルール
16

「任せの3原則」を伝えよう

部下のモチベーションを上げることは、リーダーにとって大切な仕事である。

その最も有効な方法は、**仕事を任せること**にある。任せてもらえば、しっかりやりたいと誰しも思う。**任されるということは、認められていることでもある。**

しかし、上司はなかなか実行できない。その最大の理由は、部下の仕事をやり遂げる能力が足りるかという心配があるからだ。一方「前向きに仕事をせよ」「どんどんやれ」と言うのはいいが、責任の所在をはっきりさせない限り、部下もへっぴり腰になる。

この解決策は、責任を明確にすること。「**任せの3原則**」とも言える。

① **結果責任は、上司がとる**
② **遂行責任は、部下がとる**
③ **報告責任は、部下がとる**

大事なのは、この**原則を上司と部下が共有していること**だ。

まず、部下の不安は、「失敗したらどうしよう」という極めてわかりやすいもの。

他方、上司の不安の1つは、部下がしっかりやり通すかどうか。投げ出さずに遂行してくれればその心配はない。もう1つは、不安がありつつ任せる以上、なにが起きているか常に状況把握をしたいもの。結果報告だけではなく経過報告もしっかりやってもらえば、仕事の修正やアドバイスができて、とんでもない方向にはいかない。この3原則を、上司も部下もしっかり踏まえた上であれば、多くの仕事を部下に任せることができる。

私も若い頃は、報告もしっかりできていなかった。「こんなことはわかってくれているだろう」という甘えがあり、また「これぐらいは自分の裁量でやりたい」といきがったものだ。

しかしあるとき、自分の上司がどうもモゾモゾしているのに気がついた。彼は自分の仕事はそっちのけで私のほうをチラチラ見ている。

「私の仕事が遅いので、時間を気にされていますか？」と思い切って訊いてみたところ、「ワッハッハ、待つのも（上司の）仕事だ」と大肯定されてしまった。

任せの3原則は、責任の所在がわかって、しくみとしてはすばらしいのだが、**実践にあっては、やはり多少の時間がかかることも止むを得ない**と割り切る上司の心がけが必要である。

我々世代は、こういうことを自分たちより下のリーダーに伝えてやることだ。

51歳からのルール
17

「任せの3原則」を応用しよう

先の「任せの3原則」は、結果責任は上司にあり、遂行責任と報告責任は部下にある。ただ、その運用について少し述べたい。

任せた仕事がうまくいき、それなりの結果が出たとしよう。原則は、結果責任は上司にあるので、「うまくいったのは、俺のおかげだ」となるはずである。しかし、50代のリーダーがそれでは、新米リーダーと同じである。

そうではなくて、**「君がよくやった」と手柄を部下にあげられる**のが一段上のリーダーだ。また、上司であるあなたがその成功をもう1つ上の上司に報告するときに、「○○君がよくやりました」と部下の固有名詞を言うこと。そういう話が伝わると、部下はこの上なく喜ぶ。

反対に失敗したらどうか。

これは、原則通り、あなたの責任として部下にもそう伝え、自分の上司にもあなたの責任として報告することだ。

自分は責められるだけで大変だと思われるかもしれないが、わかる上司も、わかっている部下もいる。また、それだけ重要なポジションにいるともいえる。

1つの成功を自分の手柄として喜んでいるより、その喜びを部下に与えればもっと部下が伸びる。結果、もっとたくさんの成果を部署として獲得することができる。

では、部下の立場ではどうか。

成功したら原則を曲げて部下の手柄としてくれる、失敗したら原則どおり上司が責任を取ってくれる。これを「ありがたい」「助かった」と思うかどうかの問題である。

先ほどのように、原則を曲げて部下に手柄をくれてやるような度量の広い上司であれば、部下もそのうちにもっと成長して、「それは私たちの努力が足りなかったのです。原因については一考した上で再度報告します」と失敗したときに言うものだ。

このような上司部下の関係を作るのが、ベテランリーダーである。

くどいが、**3原則はしっかり関係者で共有しておき、その上での運営であること。**

これまで私もさまざまな上司に仕えてきたが、幸運にも先ほどのような立派な人にも巡り合えたが、その真逆もあった。

だが、わかる人はやはりわかるのだ。年下であっても経験不足であっても。

51歳からのルール
18

部下を信頼しよう

部下が大きな満足感を得るポイントの1つは、自分が組織内で認められることである。

もし、部下が本当に認められているのかと疑問を持っていれば、満足感にはつながらない。

上司が半分義務的にほめているのではないかと思えば、満足感には至らない。

すなわち、**上司が部下から信用されていなければ、部下は自分が本当に認められているかどうか不安になる**のだ。

どうすれば上司は部下に信用されるのか。もしくは、信用される基本はなんだろうか。

渋沢栄一はこう言ったそうだ。

「自分が相手を疑いながら、自分を信用せよとは虫のいい話だ」

自分が相手を信用していなければ、相手も自分を信用しない。毎日顔を合わせていると、相手から信用されているかどうかぐらいは、話や表情でおおむねわかるものである。

人は自分が信頼されていると思えば、相手を信頼するもの。異性から好かれていれば、それを知ってからその異性を好きになることなどよくある話で、人間の真理そのものだ。**「あの人について行きたい」と思われる人間力の高い人は、部下を信じる**もの。まず、信じて、次に部下のいいところを伸ばそうとする。最初から「まずやらせてみよう」と信じて、チャンスを与えるのだ。

反対に、最初から部下や周りの人間をすべて疑ってかかって、疑いの晴れた部分から認めていく人もいる。

こういう考えの人も100%否定はしないし、性善説が正しいのか性悪説がいいのかの議論をここでするつもりもない。しかし、後者は人がついて行きたいと思われるような人間力の高い人とは決していえない。

人にだまされない人と人をだまさない人は違う。だまされたくないとは誰しも思うことではあるが、「まず、自分が信じて」そして「相手も、信じてくれる」と考えることができる人であるか、「まず、疑ってかかる」そして「相手を信じる」と思うかの違いだ。

世の中の見知らぬ人もすべて信じ込めとは申し上げていないが、ここは同じ職場で毎日顔を合わす人間同士である。「**まず、信頼する。だまされても仕方がない**」という考え方でいいのではないか。そのほうが、懐が深い上司といえる。

51歳からのルール

19

若手の議論を引き出そう

50代のリーダーともなれば、組織を動かすとともに、現場の意見を吸い上げて改善の種とすべき立場にも立っていることだろう。

しかし、会議でもまともに議論を戦わせず、ゴリ押ししてしまう上司のいかに多いことか。若手からすれば、そもそもモノを言いにくい年代の人間が、力ずくで押さえ込めば、相手はモノを言わなくなる。

「綸言《りんげん》汗の如し」（礼記）。天子の言葉は、汗のようなものであり、いったん外に出れば、内へは戻せない。会社で重要な仕事をしているのなら、発言にも気をつける必要がある。

若い頃は、そうとう無茶苦茶な議論をしても、時には相手に罵詈雑言を浴びせても、単なる「若気の至り」で、相手は変わらず直言してくれるだろう。しかし「壮年の至り」「老年の至り」という言葉はないのだ。

相手の言葉をしっかり聴いた上で、正しいことを、正しいタイミングで、正しく言うこと。

地位や経験だけで、間違ったことを押し通すのは愚の骨頂である。ましてや、押し通すために怒鳴り、机を叩くなど、最低である。

手元にある情報を共有して、将来の議論をしよう。同じ土俵であれば、若手は活性化する。

「年50にして、49年の非を知る」（淮南子）という言葉がある。

50歳の時点で、過去49年を全面否定して生きてみよう。新たに今を大切にして生きること。このような前向きな気持ちがあれば、**経験主義から脱する**こともでき、今の人として若手が受け止めてくれる。

経験や過去の話ばかりを持ち出してくると、自分の土俵だけで勝負しているように見えてしまう。それでは、価値半減もいいところだ。

もちろん、一番大事なことは「語りべ」として伝える必要がある。大事な方針などは、発信し過ぎぐらいのほうがいい。「ご存知の通り」「なんども言うが」「繰り返しではあるが」との枕詞をつければいい。方針は、「会議の長」もしくはその補佐がくどいほど言って、徹底させることだ。

「会議の長」がでしゃばりすぎると、結論ありきの議論ともなりかねない。このあたりは、バランスの問題である。

51歳からのルール
20

女性部下にも仕事を振ろう

女性社員に会社の嫌なところを指摘してもらうと、報酬や仕事のやり方にたいする不満、休暇が取りにくい、残業が多いなどもあるが、圧倒的に多いのは人間関係だ。特に男性上司がバカに見えてしまうと手厳しい。聞く耳を持たない上司、わかってくれない上司、女性の仕事を勝手に限定する上司などである。

彼らに対して「言っても無駄」「どうせわかってくれない」と思ってしまうのだ。

どの会社でも経営者は女性活用が大切だと思っていて、もっと活用してほしいと願う女性も多いのに、現場ではうまく活用できていない。その機会も与えられない場合もある。というのも、男性上司は女性部下には気も使うし、苦手だという男性諸兄も多いと思う。特に若いうちは上手く女性を活用できない。私ももちろんその一員であった。

私はこれまで300人以上の男性上司にこうヒアリングをした。「担当業務がはっきりしない新規の仕事が自分の部署に来たら、それを男性部下に振るか、それとも女性部下に振るか」するとほぼ100%が、男性部下に振っている、もしくは男性には振りやすいと答えている。

理由は、男性は「ハイわかりました」とだいたい愚直に受けるが、女性に頼めば理由や部署の仕事としての意義などを（悪気なく）聞かれることが多い。それを毎回説明するのが面倒くさいから。

入社試験では女性が男性より圧倒的に優秀なのに、5～10年すると男性が女性を抜いていくことがあるという理由の1つがこれだ。入社時に女性より劣っていても、しょっちゅう新規の仕事が降ってくれば、そのうちに経験が豊富になり、仕事ができるようになるものだ。

志の高い女性もたくさんいる。もっと上を目指している女性も多い。

であれば、**志の高い女性に仕事をどんどん振ることである。**

今の若手の男性リーダーは同じ悩みを持っているだろう。

だからこそ、50代リーダーの出番だ。

若手男性リーダーに**「普段男女どちらに仕事を振っているか」と聞いた上で、彼らに女性に仕事を振るようアドバイスしよう。**社内活性化に貢献することは間違いない。

51歳からのルール
21

会社のためにできる人材を育て、巣立たそう

優秀なリーダーが、優秀な部下を欲しがるのはどの会社でも同じだろう。

「余人をもって代え難し」と言って、できる部下を自分の部署から離そうとしない。反対に、他の部署から優秀な人間を持ってきて自分の組織に加えようとする。気持ちはわかる。リーダーであれば、まず自分の部署のことを考えるのは間違ってはいないだろう。

ただ、ここでリーダーの器の大きさというものを考えてほしい。

まず、優秀な部下を自分の部署だけに長期間置くというのは、必ずしも部下の成長につながらない。**優秀な部下をもっと優秀にするには、新しい仕事に就かせて、さらに高度な経験をさせてやることが必要である。**

部署のリーダーとして、自分のことだけを考えているのか、部下のことも長期的に考えているかの違いである。

次に、会社全体のことを考えているかどうか。

だれでも優秀な部下を他の部署に取られたくないという気持ちはあるだろう。しかし、**「人、モノ、金」という限られた経営資源を全社で最大活用しなければならない。できる社員は、会社や社会の共有財産といえる。**

むしろ、ある瞬間はできる部下ではなくても、それらを**うまく早く育てていく**ことを常に考えているかどうかが問題である。こういうところにリーダーの懐の深さ、器の大きさの差が出てくる。

話はそれるが、評価の高い会社とは、従業員に高い給与を支払ったり、株主に高い配当をしたりしても、キャッシュをジェネレート（生み出すこと）できる会社である。一昔前の会社のように、給与や配当を低く押さえ込んで、キャッシュを溜め込むことではない。

昨今は投資家が、企業にキャッシュを効率的な投資に使うことや、高い配当性向を求める時代である。

人材育成はこれとよく似ている。新しい利益を生み出せる優秀な部下をどんどん育てていくことが、効率的な経営にもつながる。自分のために優秀な部下を放出したくないなどと小さなことを言わず、会社のために優秀な部下を輩出することである。

器の大きなリーダーであってほしい。会社はそういうリーダーを絶対に評価するものだ。

51歳からのルール
22
「バカ上司」だけにはなるな

非の打ち所がない素晴らしいリーダーばかりの職場などありえない。古今東西、ひどい上司はいるものである。自戒の念も込めて、我々はそうなっていないか考えてみたい。

「部下には偉そうにしているが、自分は時間管理もルーズ。客先にバカにされていて、いつも脂ぎっていて女性社員から気持ち悪がられている。部下が失敗しても責任を取らない」などと、よく居酒屋で盛り上がられてはいないだろうか。

私は、『「バカ上司」その傾向と対策』（集英社新書）でひどい上司を3つの大きなカテゴリーに分けてみた。

①**嫌な上司**＝暗い、威張る、すぐ怒るなど性格が悪い上司
②**ダメ上司**＝決断力や記憶力など仕事能力が劣る上司
③**バカ上司**＝責任を取らない、情報を隠匿するなど姿勢に問題がある上司

先の居酒屋の話をよく見ると、これらが混在しているのである。つい「坊主憎けりゃ袈裟

まで憎い」となってしまう。

だが、②「ダメ上司」には、性格はいいが能力に欠ける人も含まれる。よく、「何回説明しても理解しない」「でもいい人」といわれるタイプの人だ。

①「嫌な上司（性格）」と②「ダメ上司（能力）」の問題は、改善すべきだか、性格や力量の問題なので仕方がない面もある。部下にカバーしてもらうことでなんとか解決できる。ただ、③「バカ上司（姿勢）」は、会社に迷惑をかける。絶対になってはいけない。

時間があるときに、これらを部下に説明して、ついでに自分がどのタイプか吐露しておこう。すまん、オレはダメ上司だ。そう謝ったうえでサポートしてくれ、と頭を下げれば、あなたの誠実さに、部下も一肌脱いでくれるだろう。

私の最初の職場で「部下の仕事は上司を突き上げることだ」と幹部から教えられた。突き上げるとは、喧嘩をすることではなく、積極的に意見を戦わすということだ。

あなたは、ここで紹介した3つのカテゴリーのどこに入っているだろうか。

ちなみに、私は、①「嫌な上司」のタイプである。

3章

51歳からの
育て方の
ルール

51歳からのルール
23

「若い頃は仕事を創れ、歳をとったら人を創れ」

この言葉は、私の尊敬する大先輩のものだ。

若い頃は、自らいろいろなことに前向きに挑戦して、新しい仕事を創るべき。自分の力を最大限に活用して、今ある仕事をこなしながら、新しい仕事を創る。組織を動かしながら、自分が中心となって動く。あなたもそうされてきたことだろう。

50代にもなると、そういうことができる人間をたくさん育てることである。

まず、部署全体に関することは、全員が参加する会議や朝礼などで方針や自分の思いを繰り返し発信することだ。短いスピーチでも感動を与えられる。なにを語れば部署全体の心を捕まえることができるかを考え、しっかり準備をしよう。

各人の教育は、若手リーダーに任せているだろうから、**我々の基本的な部下育成の仕事は若手リーダーの教育**となる。

我々もそうであったように、責任者になった初日から部署をうまく引っ張っていけるわけではない。部下を持った戸惑いもあれば、悩みもする。自分の仕事もあって、時間的にも忙しい。なにをいかに部下に任せるかなどは悩みどころだ。

こちらから声をかけて雑談をして、**若手リーダーの相談に乗ってやろう。**

仕事の報告や相談には、必ずといっていいほど人の要素が入っている。相談に乗りつつ、「○○君、最近どうしている？」と部下の成長についても語り合うことだ。あなたが社員の名前を都度出すことで、若手リーダーの部下育成に対する意識は上がる。

評価も最初からうまくはいかない。甘い点数を部下につけたり、逆に厳し過ぎたりする。

確かに人が人を評価するのであるから、完璧は望めない。しかし、**できるだけ公平にしっかりと評価するよう一次評価者（若手リーダー）を指導するのも我々の仕事である。**

我々二次評価者は、一次評価者が部下を公平に評価しているかどうかを把握する必要がある。「君（一次評価者）がどう部下を評価しているかを、会社は評価している」と伝えてやることだ。評価がいかに大切な仕事かと自覚する。

どんな仕事にせよ我々だって完璧でありえない。ましてや、若手リーダーはまだまだ改善の余地がある。そういうリーダーを教育してやることである。

51歳からのルール

24

現場のリーダーが気づかないことをカバーしよう

現場のリーダーは、自分の仕事も抱えつつ、慣れない部下教育に試行錯誤を繰り返している。現場に直結しているため、目先の仕事に関心が行きがちだ。どうしても、仕事の進め方や問題解決などを通して教えることとなる。それは、ある意味仕方がないことだ。

若手リーダーが目先のことにこだわりがちであれば、その上司であるあなたはもっと先のことを語ろう。もし、リーダーが経験主義に凝り固まっているのであれば、あなたが将来の話をどんどんすれば、経験論ではなく未来のことを語るようになる。

やってもできないと言ってなかなか腰を上げない若手リーダーが多ければ、ポジティブシンキングを前面に出して、そうではないとリーダーにしっかり伝えることだ。

若手リーダーとその部下とあなたが一緒にいる場合、たとえば会議の席であるとか、食事会であれば、現場リーダーが行っている現場での部下教育はたてつつも、もっと大きな観点で語ってやることだ。たとえば、人間力や、仕事の喜びなどがいいだろう。

スキルの習得も大切だが、書物を読んで人間を磨くことが大事である。あの本にはこういうことが書いてあったなどと具体的に語ろう。

たとえば、私は先日の食事会で、30代リーダーとその部下に、次のように申し上げた。『坂の上の雲』には、秋山好古は福沢諭吉を尊敬していたとあった。私も『学問のすすめ』を改めて読んで「人は人の上に人をつくらず人の下に人をつくらず」の他に、大きく2つ学んだ。1つは、個の自立がなければ国家の自立もない。まず、自立せよとの教え。2つ目は、洋学など新しいことをどんどん学べ。外国のいいところは学べばいいが、日本のいいところはしっかり残せとあの当時から主張している点である、と。『坂の上の雲』の物語は、多くの経営者の座右の書であり、そこから多くのビジネスのヒントがある。『学問のすすめ』は明治時代のベストセラーであったから『坂の上の雲』の主人公のほとんどがそれを読んでいたに違いないという私の想像も加えた。

若手には、目先のことだけではなく、人生には結婚、出産、子供の就学、就職などがあって先が長いことを自分の失敗談などを交えて一生を有意義に過ごせと語るもよし。

50代のリーダーは、若手リーダーと若手部下全体の2つの教育を行って、組織貢献する必要があるのだ。

51歳からのルール
25
本気で部下を育てよう

多くの会社で幹部やリーダーに対する講演や研修をさせていただく機会があるが、部下教育に関しては、どこでも大切なことだとの認識がある。「そう思われる方に挙手願いたい」と言えば、ほぼ全員の手がさっと挙がる。

次に難しい質問を差し上げる。

「部下教育をしっかり自分が行って、結果、**部下に自分が抜かれたらどうしますか？**」と。

それに対しては、長い沈黙が続くだけである。

これは一言で言ってしまえば、部下の成長は大事だが、自分のことがもっと大事ということだ。**優秀な社員がたくさんいれば、いい会社になるということは百も承知しているのに、自分だけは部下に抜かれたくない**のだ。

しかし自分の子供であればどうだろうか。自分の子供が自分を超えることが嫌であり、そうなって困るという人はまずいない。逆に、多くの人はそうあって欲しいと願っている。

ということは、**本気で部下を育てようとしていないのだ。**

先の問いに、答えはいくつかある。

まず、優秀な部下はいずれ自分を超えていくものと割り切って早く育てること。そういう部下が1人でも増えれば、会社全体の収益が上がり、やがては自分に返ってくると考える。

次に、2人に抜かれても、5人抜けばいいとの考え方もある。

また、職場を離れても生涯の友としたいと考えるのもよし。これについては、別項に譲る。

組織としても、この問いに対する答えは持っておくべきだ。多くの経営者が一様に部下育成をせよと言うものの、この現実に対する解決策を持っていない。

答えは簡単である。

人材教育に貢献する者をもっと評価すればいいだけのことだ。「人を育てる人は、昇進は遅くてもボーナスが多い」というしくみを作ればいい。会社に貢献しているのだから。

職位と報酬だけをリンクさせているから、先の問題がある。

部下育成の重要性を説くのなら、口だけではなく、**しくみにすること**だ。

50代で会社の一翼を担う人間であれば、組織のしくみとしてこれをトップに具申することである。

51歳からのルール
26

若手に研修を積極的に受けさせよう

会社のトップや幹部であるのなら、部下教育、たとえば研修などにもっと協力的でなければならない。

私の友人の経営コンサルタントがよく言うことをご紹介したい。

人事部の人間は、本来、イニシアティブを持って会社を変えることができるポジションにいる。役立つ研修を企画したり、人事評価制度のドラフトを作成したりできるからだ。ところが、大手企業を含めて多くの会社の人事部は、イニシアティブを持つどころか、単なる社内調整役に終わっている。

会社の意向として研修の実施などを人事部に求めるが、**実際に研修をする段になると、現場の長や参加者から「この忙しいときになんだ」「研修なんか即効性がない」「人事部は稼いでいないくせに」などと言われる。**結果、会社意向と現場の調整役になってしまうのだ。

ご承知の80対20の理論がある。どの組織でもトップ20%の人材が、会社全体を引っ張っており、80対20の変形で、トップ20％、ミドル60％、ボトム20％の3段階に分かれてしまう。

そして研修には、公募研修、昇進時研修、階級別研修などがある。

公募研修や昇進時研修というのは、主にトップ20％の人間向けである。わかりやすく言うと、できる人間が自ら積極的に研修に参加するというしくみである。

しかし、大切なのは、**ミドル60％をいかに研修するか**ということだ。研修の効果も半信半疑だし、仕事の忙しさと研修のどちらを優先させるかという問いにも答えに迷う。そういう人こそ現場のＯＪＴの他に、物事を体系的に学ぶ研修が役に立つ。

この人たちを研修するには、全階級を引っ張り出す必要がある。ここで先ほどの人事部の現場調整の悩みが出てくる。全階級を研修するのは、人事部にとって極めてめんどうくさいことなのである。結局、やりやすい研修で終わってしまう。つまり、そもそも研修しなくても日々自分を高めている人だけに研修をしている結果となっているのだ。

それならば、あなたのような幹部が、人事部をサポートする必要がある。

まずは、だれに研修が必要かしっかり考え、人事部やトップに提言すること。自ら、研修に出席して、なにが教えられているかをよく知ること。次に人事部からの研修要請に対して積極的に部下を参加させること。現場の長に反対させないこと、など。いかがだろうか。

51歳からのルール
27

誰かのメンターになろう

自分の心の恩師や、「あんな人になりたい」という人をメンターということはご存知の通り。

大学を出るまでに、人間はだいたい100人ぐらいの教師の世話になるそうだ。教師であれ、職場の先輩であれ、自分の人生に大きな影響を与えてくれる人がいる。

私は若手に、「あなたにはメンターがいますか」とよく訊ねることがある。いなければ、身の回りに探して、まずその人を観察して真似ることから始めなさいと申し上げている。詳しく観察して真似てみる。個別に会って話す機会があれば簡単なことを訊いてみる。そうやっていくうちに、だんだん仲良くなって、もっといろんなことが学べる。

自分にメンターがいる人は結構多い。私にも3人いる。

10代後半から「生きている限り自分の机を持て」「世の中は順送りが大切である」と学びの重要性を教えてくれたメンターが最初。

次に「さわやかに生きよ」「みっともないことをするな」と仕事をたくさん教えたくれたメンターが2番目で、私の20代前半からの頃からのお付き合い。

30代後半からは、「前向きに、明るく、逃げず、知ったかぶりせず」「おもしろきこともなき世をおもしろく、すみなすものは心なりけり」など、仕事力のほかに人間力に関して大きな影響をいただいた。それぞれ、今でもいいお付き合いをいただいている。


ここで本題だ。

あなたをメンターと思ってくれる部下や若手がどれだけいるだろうか。

かりそめにも、真剣に部下教育に長年携わってきた人間であれば、そういう人をメンターだと思ってくれる若手が1人や2人いてもいいのではないかと思う次第である。

では、どうすればメンターになれるのだろうか。

まずは「メンターにならなければならない」と、強く心に思うことだ。

若手に気づきを与えるように、自分が「メンターになる」という気づきを得ることだ。

メンターといわれるほどの部下教育をやってこそ一人前の幹部ではないか。

まだ、そう思われていないのであれば、この50代の目標にするのはいかがだろうか。

51歳からのルール 28

部下に気づきを与えよう

部下やリーダーを育成するときは、**気づきを与えることが一番重要だ**と私は思っている。

ここでいう気づきとは、「**自分を成長させ、自分を高めることの重要性を知る**」ということ。人は、あるときそれに目覚め、その瞬間からグッと自分にギアが入る。

50代ともなれば、あなたも過去の経験として、それがあったと拝察する。

最近出会った優秀な若手から聞いた話をご紹介しよう。

彼は、19歳のときに安河内哲也さんのビジネス書に巡り合って、「気づいた」という。現在20代後半であるが、仕事をしながら、ある資格を取得しようとしている。先の本に出会うまでは遊んでばかりいたが、学びの重要性に気づいてからは、19歳までのときを取り返すべく学びを加速しているという。

私自身は、そういう気づきは遅かった。若い頃は仕事をがむしゃらにやってはいたが、物事を体系的に学ぶであるとか、書物から学ぼうとしたのは、実は30代の後半のことだった。

38歳のとき、ある先輩が6冊ほどビジネス書を買ってきて、私の机の上にドンと置いていった。「海外転勤までに読んでおくように」とだけ言って。それらを読んでまさに「目からウロコ」であった。物事を体系的に学ぶことを初めて知った。まさに気づきであった。

自分でいうのは恥ずかしいが、そこからがむしゃらビジネスマンから、それプラス学ぶビジネスマンに変身した。ギアが入ったのだろう。先輩を捕まえてはお勧め本を訊き、書店に行っては、砂金の入った土を手で集めるような気持ちでまとめ買いをするようになった。

生意気を言うと、とても小さな自分ではあるが、そのとき自分の歴史が動いたのだ。

今でも、若手と接する機会に、書店の自己啓発書やビジネス書のコーナーに引っ張っていくことがしばしばある。それらを読んだことのない人間にとっては大きな気づきになる場合が多いからだ。

気づいてギアが入れば、あとは勝手に進化を遂げていく。目先のことをアレコレ教えなくても、若手は自分で学んでいく。

50代のリーダーは、細かいことは年下のリーダーに任せ、気づきを与えるという大きな仕事をしてほしい。

51歳からのルール
29
「だれが給料の金額を決めている？」と問おう

講演や研修をさせていただくときに、よく参加者にする質問がある。

「だれが給料を払ってくれている？」

ある程度の経験者であれば、会社とは答えずに顧客であると返事がくる。その通りだ。

「では、**だれが給料の金額を決めている？**」と訊くと、上司であるとか人事部とくる。

確かに、査定は上司がするし、人事部が給与体系を作っていると、私はその答えに部分的な賛同をする。しかし、もう少しよく考えていただく。

あなたが会社の利益に貢献すれば、会社はあなたをもっと重用してくれる。結果、あなたの給与が上がる。ボーナスも上がるだろう。

よって、**あなたの給与はあなたが決めている**と申し上げる。

つまりサラリーマンが居酒屋で「オレの給料安いんだ」とぼやくのは、自分が会社に貢献していないことを周りに宣伝しているのと同じであって、たいそう格好悪いことなのだ。

「うちの会社は給料安くて」とぼやくのも同じ。自分が優秀になり、またたくさん優秀な仲間を作っていけば、会社全体の給料もよくなる。

「自分を高めることの意義」についても訊ね、こうお話しする。

自分が自分を成長させて、会社に貢献すれば、それが自分に戻ってくる。だから、自分を成長させること、自分を高めることが大事なのだと。

中には、社員が会社に貢献しても、経営者が社員に還元しないのでは？との質問もあるが、普通の経営者なら、そんなことはありえない。もし、そんな経営者であれば、辞めてしまっても構わない会社である。

「自分を高める」→「会社に貢献する」→「自分に返ってくる」ということを若手に気づかせれば、ほとんどの部下育成の仕事は終わる。

その上で、自分を高める方法の1つが読書であることを説明し、先のように書店に連れていく。これまで興味がなかった、ただの本が宝の山と見え始めるのだ。

「ただ読書をしろ」では不親切である。**初めて経験することには、入り口までは導いてやる必要がある。**あとは、気づけば勝手に学んでいく。そういう気づきを与えることだ。

51歳からのルール

30

目先のことだけではなく先のことを語ろう

「高校受験に受かれ」「いい大学に入れ」「就職活動で成功せよ」と目先のことだけを子供に語るより、「楽しく有意義な人生を過ごすために、学ぶべきときは学べ」「将来はこんな人生の楽しみがある」というほうが、説得力が高いに決まっている。

前者は、親の心配事をそのまま子供に伝えているだけにすぎないからだ。

同様に会社で「この仕事はこう取り組め」と部下に目の前の仕事の指示だけをするのと、**「この仕事を通じてこんなことが学べる」「楽しい人生を送るのにプラスである」「社会への貢献にもなる」と語る**のでは、大いに違うと私は感じる。

私は、小売業も一時経験したが、「売上・利益を作れ」の指示だけでは従業員はうまく機能しなかった。細かく落とし込んで売上・利益確保のために、にこやかな接客をして、品出しや商品陳列をちゃんとやり、在庫管理もしっかりやれと叫んでみても、それは会社の心配事を伝えているにすぎなかった。

困った私はあるとき従業員に「将来どんなおばあさんになりたいですか？　にこやかで物事をよく知っていて、人の話も聞けて、相談事にも乗ってやれる素敵なおばあさんになりたいですか？　それともただの意地悪バアサンでいたいですか？」と質問させてもらった。

そして、こう語った。

素敵なおばあさんになりたいのなら、いろんな人とも出会い、本とも親しむこと。

また、仕事を通して学べることもたくさんある。

年上の方にちゃんとした敬語を使う努力をすれば、国語が上手になる。コミュニケーション上手にもなる。嫌な棚卸しであっても、しっかりやると数字に強くなれる。**自分の生涯に役立つたくさんのことが職場にはあって、それを自分のものにしない手はない。**

仕事は人生の大事な瞬間ではあるが、それだけが人生ではない。もっと先の人生も楽しくなるように自分を磨けばいい。自分のためである、と。

新入社員でも、自分の結婚、子供の誕生・育児、入学、卒業、就職、自分の引退、第2の人生などさまざまな場面がやってくる。そんな長い人生を素晴らしいものとして送るために、自分を高めることが重要であることに気づき行動することが、どれだけかけがえのないことであるかをしっかり部下に語ってあげよう。

51歳からのルール
31

友として部下と接しよう

前項で部下には長い将来を語るべきと申しあげたが、これは我々自身にとっても同じことである。**長い人生を考えて、部下とも付き合うべき**と考える。

そもそも論ではあるが、**長い会社生活を含めても、人生で会える人間の数など知れている。**

私も客先や取引先と数限りなく名刺交換をしてきたが、その中で今でも友人として付き合っている人は非常に少ない。ほんの数人である。

会社での部下も、人生で知り合えるわずかな人間の一部だ。

その**わずかな人間が同じ職場で仕事をしているという奇遇**でもある。

50代にもなれば、残された人生でいったい何人との新しい出会いがあるだろうか。

転職した者にはよくわかるのだ。振り返ってみると、もとの職場での友達がいかに多いことか。後輩も含めてである。

だから、**部下とも一期一会の付き合いをすべき**なのだ。

それぐらいの気持ちがあれば、部下育成が面倒などとは思わない。自分を超える部下がいても嬉しくなる。

そして私は「**引退しても現役の部下とワリカンで飲める関係**」でありたいと思っている。

現役のときは、だれしも部下が気を遣ってくれる。役員など〝偉い人〟は、目一杯部下から「よいしょ」されているが、辞めてからその人物の評価が目に見えてくる。引退したら声もかからない元上司は、寂しい限りだ。

あるOB会で、元〝偉い人〟が二次会に行こうと元部下を誘っているのだが、元部下全員が丁重に断っている場面に遭遇したことがある。実は、その元〝偉い人〟抜きで二次会に行くことになっているからだ。

反対に、魅力的な元上司には、引退後も部下が付き合いを求めてくる。

私の尊敬する先輩の1人は、鎌倉の先の七里ガ浜に住んでおられる。「オレはもう都心までは行かないのでこっちでやろう。行きつけの店は普段は5時開店だが、オレが早めに開けさせるので4時に鎌倉駅に来い」などとむちゃくちゃなリクエストをするのだが、私は喜んで行ってしまうのだ。もちろん、ワリカンで、すばらしく美味いお酒である。

4章

51歳からのコミュニケーションのルール

51歳からのルール

32

男はコミュニケーション下手であることを自覚しよう

50代ともなれば、会社や上司に対するコミュニケーション能力には相当自信があると拝察する。ただ、若手とはなにがしかのジェネレーションギャップも感じている人も多いと思う。

若手にいわせると、我々のコミュニケーションはとても昔流なのだそうだ。

我々が若手の頃は、「黙って仕事をしておればいい」という風潮があり、トップや幹部の発信力は、今ほど問われなかった。

しかし今の世の中では、部下指導についても双方向の意見交換を中心としたコーチングなどが主流を占めている。我々の「男は黙って○○ビール」文化は古いのだ。

自戒の念を込めて、申し上げたいことがある。

まず、**男のコミュニケーション能力は、女性のそれに比較して非常に低い。これをしっかり自覚する必要がある。**たとえば、雑談力や話題力が、決定的に欠如している。

雑談力は、喫茶店やレストランで観察すると誰の目にもすぐわかる。女性が数名集まると、その瞬間から、そこは話題の山だ。会話の連続に花が咲く。男同士なら5年ぶりの再会であっても、30分ほど現状報告をしたら、もう次の話題に事欠く。

男は、そもそも雑談力の低い動物であり、中でも「男は黙って……」世代の我々は、相当コミュニケーション能力が低いと認識しておくべきだ。

またそうであるのに、社内コミュニケーションは大切であると言い、それを推奨している奇妙な立場にいることも、知っておくべきである。コミュニケーション力を上げれば社内が活性化するとは理解しているが、肝心のトップや幹部がへたくそなのだ。

さらにいうと、**それに気が付いていないのがもっと大きな問題**である。

シーンとした職場や隣の人間にメールでやり取りしているような職場では、コミュニケーション能力が上がるはずがない。

元気な挨拶やある程度の雑談などの「なごみの源」は、トップや幹部が意識して職場に提供すべきだ。まず第一歩はあなたから若手や女性に毎日話しかけることである。

我々が会議から席に戻ったときに、これまで活き活きしていた職場がシーンとなってしまうのなら、「なごみの源」の役割はまったく果たしていない。

自分は「ネガティブコミュニケーションの源」かもしれないと素直に考えてみることだ。

51歳からのルール
33
男は「書類化」してしまう

会社生活が長くなればなるほど、**男はだんだん「書類化」する**と私は申し上げている。

残念ながら、かく言う私ももちろんそうだ。

会社の書類では、結論がまず明確にされ、次に理由や要点が箇条書きにされていることが求められる。これに慣れてくると、仕事ではない普段の会話もだんだんそうなっていく。だらだら話さずに、すぐに結論を求める。もちろん、仕事においては誠に結構なことである。


ただ、これがプライベートにも影響してくるのが問題だ。

たとえば家に帰って、奥様から「となりの猫が転んだ、犬が滑った」というような話をされると、男は、つい口走ってしまう。「だから、結論はなんだ」と。

これこそ「ネガティブコミュニケーションの源」である。明らかに話の腰を折っている。

結局、奥様に反撃されて自分が痛い目に遭う。そう言ってはまずいとようやく気づく。

そこで今度は、「ああ、そう」「なるほど」と、生返事だけをするようになる。

私には、その気持ちが痛いほどわかる。昼間会社で問題に対峙し、目一杯働き、くたくたになって帰宅する。そんなとき、奥様には悪いが、どうでもいいことは聞きたくないだろう。が、敵の才能は男なんぞ遥かに凌いでいる。すぐに空返事とバレて「聞いてないのね」と一喝されてしまう。男はこの手のコミュニケーション能力が低いことはここからも明らかだ。

家庭だけでなく、部下や得意先とも似たようなやり取りをしてしまっていないだろうか。

話を戻すと、だんだん我々は書類化していくのだ。しつこいが、**もともとコミュニケーション能力の低い男性が、会社経験が長くなるとさらにひどくなっていく**。

50代のリーダーこそ、（表面だけでも）余裕を持って、職場に雑談を提供することだ。明るい職場をつくるのは、部署のトップの仕事。若いリーダーは、目の前の仕事にテンパッているることが多いからこそ、我々世代がやるべきことではないか。

「話すことなんかない」と逃げずに、朝会社に着くまでに、今日はこのネタでいこうと準備をしよう。テレビや新聞から話題を拾えばいい。重要顧客へのプレゼンよりは、ずっとやさしいだろう。

そして、**自分から部下に毎日話しかけることが大切である**。

51歳からのルール
34

1分間で人を感動させてみよう

優秀なリーダーにはやぼったい話で申し訳ないが、「伝える」と「伝わる」は違う。こちらは伝えていると思っても、伝わっていない場合がたくさんある。これこそミスコミュニケーションの典型である。

そして、「伝える」「伝わる」の次がある。**「感動させる」**ということだ。**50代の立派なリーダーであれば、言葉に重みを持ち、相手の心をとらえてほしい。**

先日、行きつけの焼き鳥屋で隣に座った若い女性と話す機会があった。つい隣と話をするような非常に狭い店なのだ。彼女は、研修帰りで、今日は大変よかったという。研修でなにかを学んだのだろうと思って話を聞いてみると、そうではない。

「みんなの前でプレゼンできてよかった」「話に注目されて嬉しい」「プレゼンが好きだ」とおっしゃる。

私も仕事のプレゼンはうまくやらないといけないとは思っているが、必要だからやらざるを得ないと思っていた。好きでもないし、ましてやそんなものを好きになろうとは考えたこともなかった。感動した。まだ会社に入って間もない20代の女性に感動させられたのである。

他方、いろんな会合で偉い人（地位の高い人という意味）の挨拶を聞くが、泣かず飛ばずの挨拶が多すぎる。

人生経験の多い人なのだから、もう少しいい話ができないかと、うんざりすることもある。とりとめもない話をだらだらやるだけでは、他の参加者に申し訳ないぐらいだ。

下手な乾杯の発声なら、せめてビールの泡が消える前に終えてほしい。

50代にもなれば、挨拶やミニスピーチを頼まれるときが相当あるだろう。そういうときに、**今日は何を語って、どうやって参加者を感動させることができるかと考えて臨むべきである。**

難しいことではない。書物や人から学んだいい言葉の1つや2つはあるに違いない。普段からそういうものをメモしておくこと、**蓄積しておくこと**である。そして、肝心なときには数ある引き出しの中から取り出してきてほしい。

会議や飲み会でもふさわしい話題を持って、**参加者を1分間で感動させよう**と思って臨むことだ。恥ずかしがらずにやってみたらいい。

しゃべり方や表現力は二の次でいい。まずは心がけと中身で勝負していただきたい。

51歳からのルール

35

上司こそ傾聴しよう

「なにを今さら」とお叱りを受けるかもしれないが。傾聴とは、耳を傾けて聴くことである。おなじ「きく」でもいろいろあるが、聴くはしっかり聞くことだ。

傾聴していることを相手に伝えること、すなわち「私はあなたのことをしっかり聞いているぞ」という意思表示は、次のような項目となる。

・相手のほうに体を向ける
・アイコンタクトする
・うなずく
・メモを取る
・質問する
・相槌を打つ
・オウム返しする

・要約する

皆様にはわかり切ったことをここに書いた理由がある。

社内の会議で「会議の長」が往々にして傾聴姿勢を示さないからである。

これまで多くの会議に出てきた。が、多くの企業で「会議の長」が、難しい顔で腕組みをして、首をひねったり、時には天井を見上げている。賢明な読者は、このような光景を思い出すことができるだろう。

会議の発言者やプレゼン者は、「会議の長」を気にするのはあたりまえだ。「会議の長」が、発言者にアイコンタクトして頷き、メモを取れば、発言者が言いたいことを思いきり言うことができる。議論も活発になる。部下は、またあの人に話しに行きたいと思うようになる。

「会議の長」がウンウンと頷くと、その場で提案をさも認めていると見えてしまうのではないかとか、誤解を招くのではないかとの心配をしているのかもしれない。が、そんな心配は不要である。内容を理解するのと、意思決定は、全く別のことであるから。

よく社内のコミュニケーションが不足していると幹部が指摘するが、**幹部自身がコミュニケーションをよくし、率先垂範しなければならない**。

自分が「会議の長」である場合は、特にしっかり傾聴して、それを参加者に示すことだ。

51歳からのルール

36

言葉ではなく、心で語ろう

言葉ではなく心で話す人を見た。

私の商社時代のころ、大変立派な先輩がおられた。人間力が高くて、ぶれず、懐が深く、若手にも大変人気があった。

ロサンゼルスに私が駐在していたころ、その先輩が東京から出張で来られた。アメリカの取引先との面談の直前に「おい、古川君、通訳頼むぞ」と言われた。

東京からの出張者は何人もいたが、通訳してくれと言った先輩は初めてだった（そして、その先輩が最後でもあった）。会社の試験もあり、海外出張する商社マンは、一応英語ができるということになっていた。

ところが、驚くべきビジネスシーンを勉強させてもらうことになった。

その先輩は、相手のアメリカ人を見るや、スッと立ち上がり、背筋を伸ばして凛としている。包み込むようないっぱいの笑顔で握手をしっかりして、一言。

「Hi, nice to see you. Sorry, no English speaking.」

あとは全部日本語であった。

通訳の私のほうでなく、相手をしっかり見て、威風堂々と話される。笑顔も絶やさない。日本語を話しながらのジェスチャーもしっかり。

その会議は、とてもいい結果を生み出した。

翌週、そのアメリカの顧客を私が訪問したとき、「あの人は、素晴らしい人だ」「尊敬してしまう」とまでいわれた。驚くべきことである。


人とのコミュニケーションは、言葉ではないというのがよくわかった。

初対面で、ほんの1時間ほど話しただけで、しかも、英語を話さずに、である。**人を包み込むような笑顔や、人間力溢れる態度やまなざしは、言葉を遥かに超える**ということを目の前で学ばせてもらった。

私の英語に対する考えが、そのときから大きく変わった。**いかに自分が言葉にとらわれて、自分自身が表現できていなかったか**。言葉ではなくて心なんだ、と強く感じた。

51歳からのルール
37

会社を主語にして語ろう

50代の読者には、よくおわかりのことだろうが、念のため。できていない後輩には、アドバイスを差し上げていただきたい。

会社としてはやるべきであるが、個人としてはやりたくないことがよくある。たとえば、「会社のトイレはきれいであるべきか」と訊くと全員ＹＥＳであるのに、「ではだれか掃除をしなさい」といわれると、だれも自分はしたくない。

自分がやりたいことと会社の求めていることが、必ずしも一致するとは限らない。

しかし**会社を主語にすると、自分のやりたいことが会社の方針と合っているのかどうか判断できる。**

「これは当社として、すぐに実現すべきだ。理由は、当社の新販路拡大となるからだ」

こういった表現であれば、会社と自分の思いが一致しているのが明確である。

「やるべきだ。販売量が増えるから」と主語をハッキリさせないと、「私としてやるべきだと思う。私の成績と直結する販売量が増えるから」と解釈されなくもない。

これでは、自分のやりたいことだけを言っているだけだ。自分の売上は伸びても、ほかに影響があるかもしれない。

あなたが部下に返答するときも同じである。「私はおもしろいと思う」「個人的にはやってみたらいいと思う」などでは、本当の答えにはなっていない。

「私はおもしろいと思うが、会社としてはできない」もしくは、「会社として進めよう」と言い切らないとただの議論でおしまいになってしまう。自分の考えに自信が持てない人ほど、「個人的な感想だから」といって逃げてしまう。

社内の議論では、参加者全員が、会社を主語にして議論するよう徹底することである。会社の一員として発言をすることで、発言者には自覚と責任が生まれ、物事が整理されてくる。

そうした結論は、揺るぎがない。

では、だれが推進するのかという点についてのみ、最後に「私がやります」「自分の部署が担当します」などの決めごとをすればいい。

会社として実行するというコンセンサスに基づいた行動となるから、万が一うまくいかなくても、それは会社としての責任。手を挙げた人が思い切ってできることにもなる。

51歳からのルール
38

性格・価値観・能力・行為の順を踏まえよう

こちらも、よくご存知とは思うが、ご参考までに紹介しよう。

「性格」・「価値観」・「能力」・「行為」というステップがあるのをしっかりわきまえて、ほめ、叱ることだ。

叱るときは、「行為」→「能力」→「価値観」。

たとえば、遅刻をする部下に。

「遅刻は、周りに迷惑をかける。遅刻はいけない」と遅刻という行為を叱る。

それでも何度も遅刻をするのであれば、「しっかり自己管理をせよ」と遅刻を管理する能力を叱ればいい。

そういってもさらに遅刻をするのであれば、「君は会社の規則をどのように考えているのか」と価値観までの議論をしなければいけないかもしれない。

逆に、**ほめるときは、「性格」から**だ。

「お前って優しいんだな。弱い者をほっておけないもんな。部下育成能力もある。○○君の面倒をああやって見てくれてるそうだな」

これは、「性格」→「価値観」→「能力」→「行為」という順番でほめている。

人はだれしもほめられて嬉しいが、人格であるとか人間そのものを認めてもらうのが一番嬉しい。**認証欲求**というものである。

セクハラ、パワハラが問題となっている時代だが、これらと**部下の成長のために叱る**ことは、まったく別である。

自分がそういう問題に関わらないように、部下の怠慢や間違いも指摘できないのであれば上司失格である。

50代は、若いリーダーを育てる責任がある。

先の「性格」「価値観」「能力」「行為」というステージの違いを若手リーダーにも理解させておくことが大切である。

蛇足だが、**「行為」の次に「環境」**もある。「天候で電車が遅れたから遅刻したのだろうが、早めに出てこい」と環境から叱っても構わない。

5章

51歳からのキャリアのルール

51歳からのルール
39
第2の人生を見据えたキャリアを考えよう

会社生活もあと10年前後。**壮年から晩年につながるこの10年を大切に過ごすことが、輝かしい第2の人生のスタートに直結する。**

第2の人生を考えるのに、これまでの30年と異なることを考えてみてもおもしろい。子供も育ち、もはや何者かに縛られる必要はない。鎧を脱ぎ捨てよう。

これからのキャリアを考えるには、先輩に話を聞くのが役に立つ。今の職場で勤め上げる人、第2の職場で働く人、ボランティアをする人、趣味に生きる人などいろいろだが、その中でも活き活きしている人がいる。「歳をとって開いていく人」だ。

彼らのキャリアのタイプは2、3思い当たる。

まず、**仕事への熱い思いや信念が継続している人**だ。

経営者タイプに多い。大人数を動かすリーダーであり、自らを高め、仕事で常に自らを厳しく戒めている。先にご紹介した大和ハウス工業の樋口会長や、住宅金融支援機構の島田理事長はこのタイプである。あなたが会社の経営陣として徹底的にこれまでのスキルを生かせるならば、それでいい。ぜひ職務を全うしてほしい。

そして**自分の生活を自由気ままに楽しんでいるタイプ**。

第2の職場で働いていても、自分の好きにやって、チマチマしていない。言いたいことは、社長に対しても遠慮なく直言でき、それが社長にとってまずいのなら、いつ辞めろと言われても「はい、わかりました」という覚悟がある。上司ばかりを気にしている若手サラリーマンとは違って、**ノビノビとしたサラリーマン**である。自分にそれなりの実力と自信もあるから、そうできるのだろう。スーツを着た元気な自由人とでもいおうか。

第2の職場としてベンチャー企業に長くいる先輩の話。

「立ち上げの会社を手伝っているのだから、儲かっていないときには給料なんぞはもらうつもりはない」「好き勝手にやっている」と、転職当時は言っていた。最近聞いてみたら、「ようやく儲かるようになってきた。今は、たくさんもらっていますよ。ワッハッハ」である。

さらに、**自分のやりたいことがはっきりしていて**、後進の教育をボランティアで買って出るような人たちもいる。

歳をとって開いていく人生としたいものだ。

51歳からのルール

40

今の会社にしがみつくのはもうやめよう

50代の男なら、会社をトップとして率いる使命を負ったなら本望だろうし、それを果たすことが大切だ。

しかし子会社や関係会社などがたくさんあって、定年まで行かずとも、ある程度で第2の職場に転籍する場合もある。役人の世界でいえば天下り先である。

これに目一杯甘える人と、そうでない人がいる。

ここで50代のあなたが考えるべきは、**去り際**ではないだろうか。

乞われて第2の職場に行っても、本当に役に立てないのなら考えたほうがいい。もしくは、多少役に立っても、報酬に比較して貢献できないのであれば、そこにいる価値はない。周りは迷惑をしているかもしれないのだ。

第2の職場であなたが就こうとしている役職が、本来必要な役職であるのかどうか冷静に考えてみるのはいかがだろうか。

もし、そういう役職に求人があったとして、**親会社のコネなしに、あなたがその採用試験に適うだろうか。**

若い元気な人が、もっと安い給料で同じポジションを求めても、やはり自分が必要とされると思えば、手を挙げればいい。

そうしたことに、一番気づいているのは、ご自分だろう。

私の先輩で、関係会社や子会社に行く先はどこでもあるのに、63歳になったとたんに辞めてしまった人がいる。

その先輩の信念は「みっともないことをしない」だ。彼自身が、しがみつく多くの先輩を見てきて、「自分は、ああはなりたくはない」と思っていたに違いない。

誤解なきよう、**第2の人生で働いてはいけないとは申し上げていない。**

むしろ、早いうちから趣味だけに生きるより、働くべきだと思う。

しかし、前の組織に甘えるのではなく、関係のない、新しい職場を求めるべきだと思う。

思うポジションにつけないかもしれないし、報酬も少ないかもしれない。

でも、もっと大きな発見できて楽しいことが他にある。

51歳からのルール
41

第2の職場で自分を高く売らない

ビジネス書などに「自分を高く売る方法」のようなタイトルをよく見かける。

しかし結論からいうと、**もうこの歳になって自分を高く売るべきではない。**

誤解なきよう、自分を高めることは大切であり、読書や勉強は死ぬまでやっておきたい。ただ、**自分の価値以上に自分を売ることは、50代のあなたがすべきではない**と思う。

転職してから、実力を出して本当にそれが貢献するなら、次第にそれを認めてもらえばいいことだ。そもそも、入り口では、期待されている自分の実力があるのかないのか、それが発揮できる新しい職場であるかどうかわからないのである。

さらに、自分ひとりでは仕事ができるわけもない。

新入りには周りが注視している。「○○から抜擢されて高い給料で来たようだ」と思われる環境で、最初から自分を理解してもらい、人の協力を得られるだろうか。残念ながら、私も含め凡人には、ひがみ、やっかみがあるものだ。そういう中で、自分を高く売ろうなどとすると、ことがおかしくなってしまう。あなたのこれまでの収入や地位が転職を邪魔するのだ。

自信があれば、自分の退職金をつぎ込むというリスクを取って起業すればいい。いい歳をして自分を高く売りたいのなら、第2の職場など考えないほうがいい。むしろ、趣味やボランティアに生きるべきだ。

そうではなく転職をするなら、**第2の職場で次第に実力を発揮していけばいい**。結果、報酬が上がれば、それで自分の実力に見合うことになる。**実力を認められ、実力に見合った報酬をもらえれば御の字ではないか。**

未知の洞窟の入り口では、まず頭を打たないように下げておいて進む。洞窟の奥の天井が高く、問題なく通れることが確認できたのなら、そのときに頭をもたげればいいことだ。

そう考えると、第2の職場などすぐ見つかる。

子会社や関係会社の末席を、周りに迷惑をかけながら汚しているよりずっといい。また、そんな末席から親会社のほうを向いて仕事をするのは、もういいだろう。なんの関係もない新しい職場なら気持ちもいい。

そろそろ、自分に見合った、あなたらしい職場を考えるときでもあろう。

51歳からのルール
42

鶏口《けいこう》となるも牛後《ぎゅうご》となるなかれ

ご承知のとおり、大きな組織の下にいるより、小さい組織のトップであれとの言葉である。50代ともなって、第2の職場を求めるのであれば、これも1つの考え方であると思う。

大会社にいた人が、これまでより小さな職場で働くと、多くのことが学べる。

大会社の優れたところは組織力であり、分業の積み重ねである。反面、組織に埋没したり、個人の能力が発揮できなかったり、はがゆい思いもする。

小さな組織は、一人で何役もこなさなければならず、個人の力を最大限に発揮しないとやっていけない。**これまで積み上げてきたことを試してみたいのであれば、やりがいのある職場である。やる気と経験がモノをいう。所帯が小さいのでマネージメント能力も発揮できる。**

ただ、これまでのように大会社並の贅沢は続けられない。

大企業から小さな組織に移ると、「しくみができていない」「こんなことも周知徹底されていないのか」などとつい文句が出てきそうになる。また、自ら起業した人たちは、しくみはこれから作らなければならない。身の回りの面倒くさいことも自分でやらなければならない。慣れてしまえば、なんともないことなのだが、当初は戸惑う。

これまで常識だと思っていたことが、単なるA社の常識であり、B社から見れば非常識であることも実感する。いいところや悪いところを比較することも、勉強になる。

もし、私が同じ会社にずっといたら、間違いなく本は書けなかったと思う。違う会社を経験して、初めてそれぞれのよさを実感するからだ。また、大企業と従業員数の少ない会社を経験できたことは、自分の勉強にもなった。

もちろん、最初の会社の同期が1つの会社を勤め上げつつあるのを見て、それもたいへん立派だと思うし、尊敬もしている。が、複数の会社を経験するのも、別の人生だと思う。

学びも多いし、業界も違えば、知り合う人数が違うのだ。

それぞれに大変お世話になり、感謝もしている。

三井物産、ホリプロ、リンクステーションを経験して、人生を3回やったような気がする。現在も日本駐車場開発の社外取締役をしているが、それを含めると4回というのが正しいかもしれない。今は、個人事業で会社を立ち上げ、5回目の人生もエンジョイしている。

51歳からのルール
43
子会社へ出向したなら子会社のことを考えよう

50代ともなれば、すでに子会社や関係会社に出向した経験を持つ人もいるだろうし、そろそろ出向や転籍が現実的になってくる人も多いだろう。

だれもが会社のトップや幹部として残るわけにはいかないので、大会社であればあるほどそういう機会が増える。近い年代で出向者が増え、転籍も身近な話だろう。

出向者として転籍者として、どのように行動すべきか、社内に、あるいは親会社に対してどういうスタンスで臨むかが問われるところである。

親会社からの天下りという言葉のイメージはよくない。だが、連結経営が重視される時代で、親会社から見て子会社の業績は重要であり、幹部にはそれなりの経営力が求められる。

けれども、年齢的な理由で、短期間の任務であることも多く、**長期的な投資や改革をせず、目先の安全運転を目指す幹部が多い**ことも否めない。

また、親会社からの天下り幹部や出向者に多く見られる一番の問題は、**親会社のほうを向いて仕事を進めること**だ。

子会社の大株主である親会社が子会社に貢献を求めることは、資本主義の当然の姿ではある。ただし、天下り役員や出向者が、親会社のほうばかり見て仕事をすると、プロパー社員からは信頼されず、場合によって、出向者対プロパー社員という対立構造になってしまう可能性がある。ある小さな合弁会社に親会社から出向してきた新社長が、いつまでたっても親会社のバッジを胸につけて出社するので、プロパー社員の失笑を買っていたという話も聞いたことがある。

要は、子会社に出向したなら子会社の収益性を上げ、親会社には連結利益や配当で貢献すればいいことだ。プロパー社員を大切にして、教育し、引き上げることが、それにつながる。だから、余計なことを考える必要もないし、ましてや親会社のほうを見て仕事をすることなどは、いい結果を生まない。

天下り経営者や出向者は、この問題点をキチンと理解してほしい。

あなたの所属する子会社のために何を行い、何を変えていくかを考え、具申・実行していくことが大切なのだ。

51歳からのルール
44

新しい組織に受け入れてもらおう

どんなにできる人間であっても、まず組織に受け入れられることが大切である。

転職にせよ出向にせよ、前の勤務先よりはるかに小さな会社であっても、独立した組織に移るのであれば、そこは心しておきたい。

人間一人でできることなどほとんどなく、他人の協力があって初めて仕事ができる。先にも申し上げたが、歳はとっていても、新参者は新参者である。

親会社や立派な会社から移ってきても、そこに前からいる人にとっては、宇宙人の来襲でしかない。

定期的に親会社から出向や移籍してくる人などに対しては、表面上はどうあれ、「また別の人がやってきて、しばらく給料泥棒をして、また別の人に代わる」などと冷たい思いを持っている。口には出さずとも、まただめな人かと思われているかもしれない。もしくは、期待もせずに、しかたがないと諦めているかである。

まずは、謙虚になって、新しい組織の人たちに受け入れられることだ。そして、それらしい貢献は立派に果たしたいものだ。

かく言う私も、初めての転職時にはずいぶん戸惑った。文化が違う、やり方が違うと強く感じた。冷静に考えても私が言っているほうが正しいと思っても、人が動かないことがよくあった。どうして理解してもらえないのかという悔しい思いをした。

あとになってよくわかったことだが、**最大の問題は、自分であった。互いに人間を知り合う前には、仕事はできない**のだ。互いというのは、直接の仕事相手でもあり、その周りの人でもある。

私が、どうすれば業績が上がるかと業務にさんざん悩んでいたときに、ある人が、「**直接関係していなくても、仲間を増やすことですよ**」と言ってくれた。業務にばかり気を取られていた自分であったが、その言葉のようにグループ会社の理解者を得ることができたら、よい相談相手となってくれて、ずいぶん気が楽になった。前向きに進めるようにもなった。

まずは、自分をわかってもらうことだ。それには、**1人でも2人でも自分をわかってもらう人を増やす**ことだと痛感した。

51歳からのルール
45

大企業病を克服しよう

よくおわかりのとおり、大企業の社員の中には、自分の能力ではなくて、会社の看板でビジネスをしている人がいる。

彼らが中小企業に転職するときにはその「大企業病」を克服していかなければならない。

たとえば、契約を結ぶとき。大会社の管理本部はしっかりしているから、法務部は、自社の不利とならないように精一杯自社に有利な文言を契約書に盛り込む。

小さな所帯の取引先は、その契約書が自社にとって不利とはわかっていても、ハナから文句は言わず、「ハイ、わかりました」と判子を押す。つまらぬことをいって、取引に影響が出るより、ずっといいと思うからだ。

中ぐらいの所帯の取引先が「それはチョッと難しい」というと、大会社の担当は「これでないと社内が通らない」「管理本部がうるさくて」と社内事情を盾に契約書を通そうとする。

大きな所帯の取引先が、「それはとんでもない」といえば、「それは検討しましょう」と返事をする。両者の主張で、落ち着くところに落ち着く。

要は、力関係である。これを悪いとは決して言ってはいない。それが、社会である。

では、個人はどうか。そういう社会に30年も漬かった人間が、大会社を去ったあと、どのように個人対個人の関係を進めていけばいいのだろうか。

日本人は、非常に帰属意識が強い。どこの大学出身である、どこの企業であるかを知りたがり、口には出さないが、「オレより賢い」とか「な〜んだ、たいしたことはない」と心で位置づけをして、緊張態勢に持っていくか、安心するかという判断をしがちである。

しようとしなくても、自然にそうなっているのだ。良い悪いでもないが、残念ながら大企業に長くいた人が中小企業を相手にするとき、自覚なく横柄と見られる態度を取ってしまうことがあることを知ろう。

会社を離れるときに、それを知っているのと知らないのでは、大きな差がある。

大企業に勤めて、引退するなり、次の仕事につくなりするときは、過去をしっかり忘れて、人と付き合いをすべきである。普通のオッサンとして。

心の中だけで思っているのは、まったく問題がない。しかし、周りの人から過去の栄光が少しでも臭うような態度は取るべきではないのだ。

6章

51歳からの学びのルール

51歳からのルール

46

経験だけで終わらず学ぼう

会社は人生のすべてではない。個人が会社生活をどう位置づけるかは、その価値観によるだろう。ミミズスマシのように水面の障害物をスイスイと避けながら滑るように進む者もあれば、どっぷり首まで水に浸かってその抵抗にあえぎながら前に進もうとする者もいる。

50代のあなたは過去の経験だけでも仕事を続けていけないことはない。勉強をしなくても、丁々発止で、ある程度の仕事をこなしている人もいることは事実である。

しかし、**経験だけに頼って、勉強しないのであれば大成しない**。

部下からも支持されないだろう。確かに部下よりたくさんの経験があって、物事もわかっている顔をしていられるかもしれない。しかし、薄っぺらなのである。経験という過去の点が集積しているかもしれないが、ものの流れや道理などの説明は、十分でない。

努力して学ぼうとしないから尊敬もされない。過去のことを記憶として持っているだけであれば、将来を見据えた議論もしっかりはできない。

私の先輩はこう仰っている。

「**成功は偶然で、失敗は必然である**」と。

非常にラッキーな要素がいくつか重なって成功となる。しかし、失敗するときは、それなりの理由があって、ちゃんと失敗するのだ。だから、成功は続くものではない。失敗にはそれなりの原因があるので、しっかり解明する必要がある。

経験だけの人間なら、そうは思わないだろう。成功は予定通りうまくいったから成功したのであり、失敗はたまたま失敗したのだと思ってしまう。「成功は必然であり、失敗は偶然」と考える。流れや道理を考えないのであるから、こう思っても不思議ではない。

だから、**物事の流れや道理を体系的に学ぶ必要がある。「なぜそうなったのか」「その理由はなにか」と考えられるように。**

歴史も昔から今にわたる事実を丸暗記するより、今から昔に遡って物事が起きた理由を考えるほうが勉強になる。

そうであれば、部下や後世にも語り継ぐことができる。

50代のリーダーから部下や若手リーダーに勉強する重要性を説いていただきたい。

それには、**まず我々が勉強することである。**

51歳からのルール
47

自分を高めるのはこれからだ

「壮にして学べば老いて衰えず、老いて学べば死して朽ちず」とは佐藤一斎の言葉。壮年から勉強すれば歳をとっても衰えない、歳をとって勉強すれば死んでも朽ちない。
自分が勉強を始めるのが30代後半からと遅かったこともあって、この言葉が好きだ。

私は新入社員の頃、週末暇さえあれば会社の独身寮でマージャンに浸っていた。雲ひとつない秋晴れの日にも、寮のテニスコートでテニスをしている仲間を横目に見ながら、「今日は絶好のマージャン日和だ!」とバカなことを言いながら、朝から暗いマージャン部屋に向かっていた。

当時、仕事はがむしゃらにやっていたが、学びに対する気づきができておらず、読書や体系的な勉強はほとんどしていなかった。だから、寮でもこの有り様であった。
孔子は15歳、私は38歳からの勉強開始である。

しかし、人との比較ではなくて自分の問題である。**何歳から勉強を始めても構わない**ではないか。

中身の濃い勉強を効率的にやっていけばいいのだ。

「玉みがかざれば器を成さず、人学ばざれば道を知らず」（礼記）は、我々の年代に合った教えではないだろうか。

人としての生き方など、大きなことに通じるには、やはり学びが必要であるが、これまでさまざまな経験を積んできた人間が大きな志を持って取り組めば、時間の長短は、さほど関係はない。

逆に経験の浅い者が論理だけを勉強しても、実践に生かしていくのは簡単なことではない。福沢諭吉の『学問のすすめ』でも「論語読みの論語知らず」では意味がないと苦言を呈している。

同じリーダーでも器の大きいリーダーとなり、人間力の器も歳相応に大きなものとしたいものだ。

50代はまだまだ先が長い。私も含めて、これから学んでゆきたい。

51歳からのルール
48

歳は知性でとろう

誰しも歳をとるのは嫌だが、避けようがない。

また偉そうに、とお叱りを受けるだろうが、**歳は知性でとりたいものだ。**

若者のように元気さで売るのは、もはやしんどい。無理である。

白髪や脱毛、肥満、しわなど、表面的にも年寄りとなってくるので、見た目の格好良さも望めるものでもない。何も魅力がないと寂しい限りである。だから、読書などをして、知性や人間力を高めながら歳をとりたいと思う。

これまで、多くの先輩を見てきたが、**壮年から上の男には知性が一番似合う。**

先に、私がマージャンに浸っていた独身寮時代の話を紹介したが、その仲間と先日、30年ぶりに食事をする機会があった。

私より4年先輩だが、失礼ながら、当時は「ポン・チー・ロン」の仲間で、暇さえあれば、マージャンをやっている、私と同じ人種であった。会社の先輩方ともしょっちゅうやっていて、マージャンのスキルは極めて高い。大学生のときからその道の研鑽をされてはいたが、(私ももちろんその口であるが)間違っても勉強は積んではいなかったようだ。

しかし、30年ぶりに一緒に食事をしていて驚愕してしまった。日本、中国、アジアの歴史をとうとうと語るのである。中国で長い駐在経験もあったのだが、まるで大学教授の講義を聞いているようであった。その上、心理学や哲学の話も出てきて、ふんだんな書物とたくさんの人から学んだ匂いがするのである。大変身していた。

もちろん、昔に比べてシワも増えて歳は隠せないが、知性がみなぎっていて、いい笑顔をしている。たくさんのことを学び、知性で歳をとった人物である。

私が尊敬する他の先輩の多くも、やはり学んでおられる。そういう先輩は、年よりずっと若く見え、活き活きされている。

ある先輩が、「**学びは若さの秘訣だ**」と言われていた。

そのご本人もとうに70歳を超えているが、見た目も若い。中身もすごい。議論をすればこちらが論破されてしまう。パソコン、携帯など、もちろん若手と変わらぬ使い手でもある。

こういう歳のとり方をしたいものだ。

51歳からのルール

49

「今さら」を「今から」に変えよう

ある先輩が我々の年代に警鐘を鳴らしている。**「今さら」というセリフは禁句であると。**今さら○○を学んでも仕方がない。今さら○○をしても無駄だ。今さら○○には挑戦したくない…… こう書き並べてみると、文章の後段が、諦めや否定であることに気がつく。

「今さら」は、物事に後ろ向きなのである。行動することに興味も自信もないのだ。

反対に「学ぼうとしている」人は、物事に前向きである。

「今さら」ではなく「今から○○する」という肯定的な考えを持っている。

先の方は、元地方政治家だが、今でも自身のブログで意見を述べ、隔月で元支援者や地元の人を集めて、最近の政治問題や経済問題について講演される。その上、現在は大学の客員教授であるのに、別の大学院の学生でもある。72歳の大学院生を想像できるだろうか。

もうお一人。機会あるたびに紹介している大先輩のモットーは、「前向きに、明るく、逃げず、知ったかぶりせず」である。前向きに明るく物事に取り組め。そうすると、成功もするが、失敗もする。不幸にして失敗したら、自分の責任を認めて、逃げるな。自分が知ったかぶりをしていると、教えてもらえない。謙虚に人様に教えを乞え、という教えである。

こちらの先輩も桁外れの勉強家である。ビジネス、経済、政治、歴史、哲学に通じ、新聞各紙、週刊誌、テレビを常にチェックされている。我々には、常に興味を持って物事を見ることとも言われる。

大変生意気ながら、お2人の共通点を挙げてみたい。

①物事に興味を示す。人に訊くことが苦ではない
②知りたがる。「なぜ」「次にどうなる」
③読書量が極めて多い
④自分の意見・考え方がある
⑤社会に貢献したいという強い意思がある
⑥笑顔がとてもいい
⑦周りに人がたくさんいる
⑧ユーモラスでお茶目なところがある

私もこのように歳をとりたいと願っているが、これから相当研鑽を積まないといけない。

51歳からのルール
50

学びの3原則

私は、代表的な学びには、次の3つがあると思っている。学者でもずっとコンサルタントをやってきた人間でもないが、長いサラリーマンの経験から思うことである。

①**会社で学ぶ**
②**人から学ぶ**
③**書物から学ぶ**

理解力、説明力、分析力、企画力、行動力、判断力、指導力などは、仕事をしながら身につけることである。逆に、家に帰って座学で学べることではない。

職場では、学ぶことがたくさんある。給料をもらいながら、身につけられる。そうすることによって自分を高められる。こう思えると仕事も自然と楽しくなってきて、結果も出る。

また先にメンターについて触れたが、自分の理想に近い人を目標にして、人から学ぶ。そういう人の行動を観察し、言葉に耳を澄まし、機会を自ら求めて親しくなる。厳しい上司に鍛えられることも、自分の成長のためだと考えられると前向きになる。

私の尊敬する先輩は、とんでもない上司に仕えたとき、その言葉や行動を小さなノートに書き綴ったという。将来自分がそうならないようにとの自分に対する戒めでもあるが、書くことによって嫌な気分も多少は晴れたそうだ。反面教師対策である。

ビジネス書や自己啓発書から学べることは多い。物事を体系的に学べるからだ。リーダーシップ、部下教育、コミュニケーションなどについては、それぞれ数冊読めばコツがつかめるだろう。現場だけで学ぶことより遥かに効率的である。

歴史書もビジネスの参考になるものが多い。何度も言うが、多くの経営者が座右の書として挙げる、司馬遼太郎の『坂の上の雲』は、リーダーシップ、部下教育、状況判断など参考になる場面が続出する。私も何度も読み返した。『竜馬がゆく』も、そういう意味で勉強になる。龍馬は、若い頃学問ぎらいだったが、のちに重要人物と接するようになってから学びが必要だと悟った。また、龍馬の人間力の大きさが随所に現れる。

50代のあなたは、すでに意欲的に仕事をし、会社で学ぶべきことはほとんど吸収されたことだろう。これからは②と③が重要になる。

学びにはこういう3種類があることを、若手や部下に順送りしてほしい。

51歳からのルール
51

自分を知るために本から学ぼう

ピーター・F・ドラッカーは、リーダーの一番の仕事として、「目標を明確にして成果を出すこと」としている。

読書についても、人によっていろいろな目的があるだろう。たとえば、以下のように。

①娯楽・趣味とする
②一般教養を身につける
③国語能力をアップする
④仕事に活用できるところを発見する
⑤自己啓発、自分の長所・短所を発見する

私は、ビジネス書や歴史書を読むとき、主に④⑤を対象としている。以下はあくまで、その目的で読書をする場合の話である。

④でいえば、自分や職場を本と対比しながら読み進めて、自分が大事だと気づいたこと、

自分ができていないと感じることがあれば、それらを素直に再認識することだ。

それだけではなく、**納得したなら行動することが必要**だ。仮に、自分のコミュニケーション能力が低いと気づけば、それを変えていかなければならない。行動力についても同様だ。

また⑤で自分の長所・短所を発見するとしたが、人に言えるかどうかは別にして、自分は欠点などを結構知っているものだ。しかし、よく知っていてもそれが治らない。本を読むと、それを思い知らされる。さらに新たに自分の欠点を発見することもある。

私は、自分流ではあるが、発見したポイントは、線を引いたり、マーカーで印をしたりしている。ときどき「フーン」「なるほど」「ウソー」など、文字も書き入れる。

そして、ページの角に2〜3センチ折込をし、大切なところは折込を二重にする。こうすると、次回その本を見るときは、折込のある部分だけを短時間でチェックできるからだ。

結果、折込のたくさんある本は、気づきを与えてくれたり、自分のできていないところを教えてくれる、私にとって教科書となる。本をきれいに使う人から驚かれるかもしれないが、目的を考え、参考書や問題集の感覚で使えばいい。

まずは**読書の目的を明確にすること**が大切だろう。それにしたがった読み方になるはずだ。

51歳からのルール
52

やさしい本を選ぼう

読書の目的が、自分にとって大事な何かを発見したり、内容を会得したりすることであれば、やさしく書かれた本を読むことがいい。

とはいえ、私と某大学教授の話から。

古川「ビジネス書を買うビジネスマンが、なぜ大学の先生の経済学の本を読まないのでしょうか?」

教授「レベルが違うのでは?」

古川「学生のほうがレベルが高いという意味ですか?」

教授「シーー」

古川「大学の先生の本は格調高いですが、難しいと思います」

教授「まずは、国語を勉強することだよ。そういう常識が最近不足している」

古川「国語能力を上げてから経済学の本を読めということですか?」

教授「シーー」

……とにかく、**背伸びせず、やさしい本を選ぶ**ことだ。

伝記などは、小学生が読むもので十分役に立つ。手元に、長岡城に行ったときに買った「米百俵、小林虎三郎物語」（財団法人　長岡市米百俵財団）という小冊子がある。小学生にも読めるよう漢字に多くの振り仮名があり、字も大きく、文章もわかりやすい。挿絵やイラストも入っていて、おもしろい。それでも、ビジネスマンには十分すぎるほどの内容だと思う。

余談ながら、慶応大学出身の友人数名に『学問のすすめ』を読んだかと聞いたところ、ほとんど読んでいなかった。「本は買ったが読んでいない」との回答が多かった。多分、原文かそれに近いものを購入して、途中挫折したのだろう。

私のお勧めは、現代語訳『学問のすすめ』（福澤諭吉、斎藤孝訳、ちくま新書）。現代語になっていて、すらすら読みやすい。

「学問のすすめ」は、明治時代のベストセラーだ。「国家の自立は個人の自立から」という考え方もすばらしいし、理由付けが豊富でユーモラス。非常に説得力の高い本である。

福沢諭吉自身が、難しい本を読むのではなく実用的であれと言っている。

やさしい本を通じて、ぜひお読みいただきたい。

51歳からのルール

53

いい本を読み返そう

人生の折り返し地点を越している我々は、読書も折り返してもいいのではないだろうか。

人生でどれだけの人間に巡り合うことができるのか。50代の読者には、よくおわかりのとおり、限りがある。これから毎日死ぬまで、日本中を旅して回っても、どれだけいろいろな会合に出席しても、会える人の数などしれている。

本も山のようにあるのだから、いくら速読をしても全部読めるわけがない。現在、年間6万~7万部の新刊図書が発行されている。大書店には、毎日200種類の新しい本が運び込まれてくる。図書館の蔵書もまさに山のようであり、人が読める本の量などしれている。

速読が目的であったり、読んだ数を誇ったりしたいのであれば、新しい本をとにかく読むのもいいだろう。

しかし、いい本に巡り合ったのであれば、**人生で1回しか読まないのは寂しい**。新しい本には新しい教えを発見でき、得るところも多いが、幾分かは**自分が発見した自分の好きな本**

をあらためて読むのもいいだろう。

これまで読んで自分が感動した本を数冊、本棚の一番とりやすいところに集めて置けばいい。今現在の座右の書は、それらとなる。

また新しくいい本に出会えば、そこに追加していけばいい。そういう本は、読み返したい。

反対に、途中で読むのをやめてしまう本もある。私は、**挫折本と呼んでいるが、それは無理に読み進めなくていい**。せっかく買ったのだからもったいないという気持ちはわかるが、おもしろくないものを我慢して読むことはない。テレビの番組でも、チャンネルを換えてしまうことだってよくある。思ったほど内容がない本や、意外と難しい本などに出くわすことがある。**自分の貴重な時間を割いて、このような本を精読しようとするのは、時間の無駄と苦痛でしかない**。目的が違う。私の部屋にも挫折本がたくさん積んである。

マスコミで話題になっている本も読んでおかないといけないと思って読んでみると、内容にまったく共感しないものや「ウソだろう」と言いたくなるものもある。そもそも、「読んでいないと恥ずかしい」という見栄が手に取らせるのだろう。動機が不純なのであり、自業自得というやつだ。

51歳からのルール

54

読書会をやろう

4、5人で、定期的に読書会をするのもおもしろい。私は、2つやっている。

1つは、私が社外取締役をしている会社のリーダークラスと、月1回、昼休みを挟んで弁当を食べながら行っている。

もう1つは、近所のお好み焼き屋でやはり月1回行う「世田谷ビジネス塾」。こちらも4～6名ぐらいが集まって、本を紹介しあう。メンバーには、私も含めてそのお店の常連もいる。午後4：30から6：00まで読書会、その後、その場で飲み会になる。

ちなみに、その飲み会は必ず盛り上がる。私は、知的興奮状態と呼んでいるが、講演会や勉強会のあとの飲み会が盛り上がるのを何度も見てきている。理由は定かではないが、講演会や勉強会で参加者が考えなどを共有し、気持ちが1つになっている上に、参加中は頭はフル回転していて、終わったら満足感があるからだと思う。

さて、読書会の内容はというと、**1人2～3分程度で新しく自分が読んだ本の要点と感想**

を互いに紹介する。ジャンルにしばりはないが、勉強になるものを考えているので、ビジネス書や歴史書が多い。新刊本である必要はないが、「新しく買った」点だけ決め事にしている。つまり、前に読んだ本を本棚から持ってきて紹介するのは、なし。**月に1冊ぐらいは、新しいものを読もうという意識を共有**している。引き続いて、本に関連した議論をする。

前者の読書会は年代が違う集まりで、後者は職業の違う人間の集まりである。50代の私がそうした人々と一緒に、読書会を主催する理由はいくつかある。

①　若手のプレゼンや議論の練習になる
②　自分が話そうと思うと、しっかり本を読み、勉強になる
③　いい新しい本を探そうとする
④　いい本を紹介してもらえるチャンスである
⑤　本を1冊読んでいけばいいので、それ以外の準備はいらない
⑥　全員発表型でだれが講師でもないので、メンバーが替わっても会が続きやすい

もう1つ。50代の人間は、関連する議論の中で、**自分の経験談を語る機会でもある**。私はおそらく経験だけは豊富なので、失敗談やエピソードを紹介すると、よく聴いてくれる。

社内の友人作りも兼ねて、若手や同僚と読書会をやられてみてはいかがだろうか。

51歳からのルール

55

読書会で若手の気づきを得よう

先の若手リーダークラスの読書会で大きな出会いがあった。

ある若手が、『ゴールは偶然の産物ではない』（アチーブメント出版）という本を紹介した。スペインの低迷していたサッカーチームを立て直し、最強のチームにしたという実話である。

彼も過去にサッカーをやっていて、入りこみやすい本であったという。

彼は、本の紹介のみならず、自分の仕事のやり方と本を実によく比較していた。ボランチというポジションがあって、全体を見ながら前線にパスを出す。派手さはないが大事なポジションである。自分は、会社で今後このような仕事をしていきたいというのである。

温和でどちらかというと目立たぬ好青年であり、ガツガツタイプでは決してない。そんな彼にぴったりの仕事のやり方を自分で発見していたのだ。

私は、すごいと思った。彼は、いい本に巡り合ったのだ。**人生で出会える数少ない自分に合った本を見つけた**のだ。

私は、「今言ったことを2ページにまとめて、役員全員に配布すればいい」とアドバイスした。恥ずかしそうにしていたので、私がそれを要求したと伝えて配布するよう言った。きっと役員は、彼が会社でこうありたいというのを聞いて喜ぶだろうと思った。

さらに、「その監督とチームのことを掘り下げて調べて、そのことに関して日本でNo.1になるのはどうか」「自分の生き方を教えてくれたと著者にお礼の手紙を書いて、スペインに行って会って来たらどうか」とも言った。

こちらが興奮しているのだ。多くの人が発見できない大切なものを、その本から彼自身が発見していた。読書会としては、本の感想を述べればそれでいいのだが、**彼はこういう仕事をしたいと自分の行くべき道を発見して、それを自然に語っていた。**それは彼にとって座右の書であり、一生大切にする本だと思った。それも申し上げた。

彼は「そんなに素晴らしい出会いだとは自分では気がつかなかった」「指摘いただいてありがたい」と言ってくれた。

私にとっても非常に嬉しいことであった。こちらも大きな感動をいただいた。

その読書会は、2年ほど前に社内旅行に行ったときに部屋で一緒に飲んでいた若手数人に提案したことがきっかけであった。続けてきてよかった。

51歳からのルール
56

「坂の上の雲」から学ぶ

繰り返しになるが、私にとって『坂の上の雲』は座右の書である。私だけでなく、50代以上の経営者やビジネスパーソンにこの本を愛読書と語る方は多い。

なぜ経営者やビジネスパーソンの座右の書の筆頭といわれるのだろうか。

私が思うのは、以下の理由である。

①激動の時代に前向きに生きる若者が描かれている

②現代ビジネスにも十分通じる人物の行動が示されている

③あるべきリーダーや参謀の姿が物語の出来事を引合いに示されている

主人公の一人・秋山好古は、まえがきで触れたとおり「人間は生涯で一事《いちじ》を成せばよい」「単純明快に生きよ」と言った。好古の功績の1つは、日本の騎馬隊を作ったことであるが、ここでは詳細に触れる紙面がない。

『坂の上の雲』ファンの多くの経営者たちは、新しい時代を懸命に生きる青年の熱い想いに共感し、覚悟をもって任務を遂行するリーダーたちに感動している。

私も何度となく読み返したが、読むたびに元気が出てくる。過去の時代の物語ではあるが、それは、現代にも十分通じる教科書なのだ。

司馬遼太郎さんは、調査と執筆に40代の約10年間をあて、2000万部ともいう膨大な発売数の『坂の上の雲』を通じて、日本人に希望と勇気を与えた。まさにその生涯で一事を成されたのであり、そこから生まれる説得力に敬服するばかりである。

（そもそも小説であるのに）史実に基づいていないだとか、脱線することが多いとか、この書を評論する人もいるが、とんでもない。莫大な数の日本人を感動させたという一事を成したことを認識してからにしてほしい。

先に私が執筆した『仕事で大切なことを『坂の上の雲』が教えてくれた』（三笠書房）は、現代ビジネスにも通じる場面を『坂の上の雲』から抜粋したつもりである。しかし執筆時、1つ困ったことがあった。現代のビジネスに役立つ場面を抽出しようと読み返すのだが、ついつい物語のおもしろさに引き込まれてしまうことだ。肝心の作業を忘れて、なんども読み進んでしまった。

51歳からのルール
57

「竜馬がゆく」から学ぶ

同じく司馬遼太郎の『竜馬がゆく』（文藝春秋）は、『坂の上の雲』より娯楽性に富んでいて、読みやすい。若い人や歴史書に馴染みが薄い人にはよく薦めている。

坂本龍馬の功績は、西欧列強によって幕藩体制が揺れる中、互いに遺恨を持った薩摩藩と長州藩を同盟させ、江戸幕府が徳川270年の政治体制を朝廷に返上するという大政奉還をやってのけたことだ。

龍馬は、人の言うことをよく聞き、いい意見は学び進んで取り入れた。龍馬を前にすると相手は熱く語りたくなったという。聞き上手でもある。

当初、幕府の勝海舟を斬ってしまおうと面談するが、勝の話に感動して、メンターとして仰いで、徹底的に勝から学んだという場面が物語にある。なんという柔軟な人物だろうか。

若い頃は剣一筋で勉強ぎらいであったが、短い人生の後段は書物に親しみ、自らを高めている。龍馬を通して、我々に勉強への「気づき」も教えてくれる。

普段言葉は少ないが、必要なときは相手を説得してしまう。ユーモラスでもあり、説得力が極めて高い。志と人間力が高いから人は説得されるのである。また人に動じることがなく、他藩のトップとも渡り合う。日本中を駆け巡って、人に会って説得して、結果、大事を成す。

龍馬は、身なりにはまったくこだわらないバンカラではあったが、羨ましいほどに周りの女性からモテル。それなりの魅力があるからこそ多くの女性が龍馬を好きになるのだろう。現代にも大いに通じるものがあると思う。その魅力は本を読んで納得してほしい。

龍馬はリーダーの鏡でもある。短期的な小目標ではなく、長期的な大目標を持っている。すぐにできそうな小さな目標で満足するのではなく、大きな目標を持って行動せよという。万一、目標達成の手前で死んでしまったら、それは、仕方がないと諦めよともいう。のちに、大事を成したあとも自分は表舞台に出ようとせず、他人に手柄を譲るというさわやかさを持つ。

この物語『**竜馬がゆく**』は、**そんな高い人間力と、まれに見る行動力を教えてくれる**。生き方だけではなく、**随所にあるべき人間やリーダーの姿を具体的に示してくれている**。読者の後輩にもぜひ語っていただきたいと思う。

51歳からのルール
58
新しい挑戦を楽しむ外国語の学び方

自分がやってきたことを違う切り口で学んでみることも挑戦である。

たとえば英語。

日本の外国語教育は、実践面を考えるとまだまだレベルが低い。長年勉強させられるのにも拘わらず、実際に使えないのだ。世界のほとんどの国に負けていて鎖国の域を出ていない。

我々は、文法恐怖症である。「正しい文法を知っていなければならない」という非常につまらぬことを世界中で一番思い込んでいる人種であると思う。

世界の多くの人は、文法や発音の間違いを恐れず、母国語なまりで堂々と英語を実際に使っているというのに。

そうした教育を受けた我々50代は、今から「英語が上手になりたい」という漠然とした目標設定をするのでは、上達しないし、続かない。

たとえば、「ビジネス英語はできる」とか、「旅行に行って観光や食事や買い物を楽しむ」

という**実利を目指す目標設定**をするほうがいいのではなかろうか。

私自身の語学学習の目的は、「英語はビジネス英語ができる」「スペイン語と韓国語は旅行で使える」「中国語（こちらはまだやっていないが）は、筆談できるようになる」というもので、それ以上のものは求めていない。

私はアメリカ駐在を含めて多くの人を見てきたが、残念ながら20歳を過ぎてから、別の母国語のネイティブには絶対になれないという結論に至った。

まずは、手に届く目標設定をすることだ。

英語がうまく話せないというコンプレックスなど捨ててしまおう。英語を話す人を崇拝するのをやめよう。アメリカ人にもバカはいるし、英語を話す犯罪者だってたくさんいる。

それより、**「Thank you.」「Please」をたくさん言って、笑顔で接すること**が大切だ。

文法以外に大事なコミュニケーションのとり方はたくさんある。詳細は拙著『中学英語でできるビジネスコミュニケーション』（ファーストプレス）を参照願いたい。

外国のレストランは、我々に立派な英語を期待しているのではなく、たくさん飲み食いをして喜んでほしいと思っている。外国のビジネスマンは日本人に英語を求めているのではなく、ビジネスそのものを求めているのである。

7章

51歳からの家族のルール

51歳からのルール
59

子供の教育は部下育成よりよっぽどやさしい

今から20年ほど前に社宅に住んでいたとき、周りの人が一様に素晴らしいという子供たちを持つ先輩がおられた。

明るく挨拶がしっかりしていて、学校の成績がよく、スポーツができる2人兄弟である。

ある朝、その先輩とたまたま駅に向かうのが一緒になった。

会社では、普段は言葉少なく、もの静かな方ではあるが、語らせると論客である。

「素晴らしいお子さんがおられますが、子供の教育は難しいですよね」と訊いてみた。

つぶやくように低音で、こう答えが返ってきた。

「新入社員でも、20歳を過ぎているのだから、それぞれの人間形成が、ある程度できている。そんな人を育てるのと、**なにもない真っ白な人間を育てるのであれば、後者がやさしいのに決まっている**」

確かに一理ある。

「子供を育てるのは難しい」というのは先入観であり、単に親の勝手な言い訳をしているだけかもしれない。

私の質問にポンと先の答えが先輩から返ってきたことからすると、その先輩は前々からそう意識して、子育てをしていたに違いない。子供2人が、たまたまいい子供であったのではない。

先輩の言葉は、その後の私の子供教育に対する考え方にも大きな影響を与えた。

先の先輩との出会いは、私が7年間の米国勤務（ロサンゼルス）を終えて帰国間もない頃のこと。当時、私の長男が小学生で長女が幼稚園であった。

遡ると、長男は生まれて半年で米国に行き、長女はそこで生まれた。後にもう一度家族で米国（ニューヨーク）に3年間転勤するのだが、外国と行ったり来たりの環境での子供の教育に関しては、少なからず不安があった。

その先輩の言葉は、自分の背中を押してくれたような気がする。

また、そのお陰で後に紹介する書物の言葉も素直に受け入れることができたのかもしれない。

51歳からのルール

60

部下育成を子供の教育に活用しよう

部下育成のほんの一部を活用するだけで、子供教育がうまくいく。

子供が小学生の間は、その気になれば勉強も見てやることもできるが、中学生以降は学校や塾まかせとなってしまったことだろう。仕事が忙しいという理由で、子供の世話は母親任せになり、父親は子育てから完全リタイヤーしていることも少なくない。

説教臭いかもしれないが、古くは「子を養いて教えざるは父の誤りなり。訓導《くんどう》して厳ならざるは師の惰《おこた》りなり」（古文真宝）とある。**子供を持つ以上、父は教えなければならない**。指導して厳しくしなければ教え手としてふさわしくない。

前項の話に続くころ、私は、書店でたまたま『今、父は子に何を語るべきか』（濤川栄太、サンマーク文庫）に巡り合った。そこには「父は仕事を子供に語れ」とあった。しかし当時の私は、若いころ上司から聞いたまま、家庭に仕事の話を持ち込まないようにしていた。

そこで、まずは本の言葉に従ってみることにした。

子供の前で、女房に向かって、一番得意な仕事の話をしたのだ。

結果は大正解であった。

普段の仕事に疲れて、週末は丸太のように眠りこけているオヤジしか子供は見ていない。昼間は（これでも）1人の企業戦士としてがんばっているのだが、そんな姿は丸太を見ている限り、想像もできない。その丸太が、子供の母親に対して、とうとうとなにやら語っている。もちろん、子供にとっては知らない単語もたくさんある。

私は、仕事のことだけではなくても、別のことを語れるならそれでいいと思う。文学や趣味でも構わない。自分が得意な分野を子供の前で奥様に語ることだ。ちなみに、そのときには絶対に反論するなとの事前了解は奥様から取り付けておくのがポイントだ。

丸太以外の面、すなわち**本当の姿をまず見せておくこと**である。会社で堂々と意見を言う上司を見れば、部下はなるほどと感心する。やはり、**しゃべっている姿は印象に残る。**

蛇足であるが、子供が大学生であっても、すでに就職していても、これは親がすべき大切なことだと思う。大学生でも社会人駆け出しであっても、50代のベテランの話を聞けば仕事に対する思いを新たにするものだ。

これは会社での部下育成の一部を家庭で活用することの最初の動作であると思う。

51歳からのルール

61

書類を子供に見せよう

学校で学ぶことのどれだけが実際に社会に出て役に立つかについては議論があるかもしれないが、**学ぶという姿勢や学び方を習得することが大切**であることには異論が少ないと思う。気がついていない人が多いようだが、多くのオヤジは、簡単に子供に仕事と学びを教えることができる、現実的な説得材料を持っている。

かばんの中から書類を出して子供に見せることだ。

どんな書類でも構わない。普段読んでいる書類でも、懇親会の案内状であってもいい。子供にとって内容は理解できなくても、実際に会社で（社会で）使われている「書類」を目にするのは目新しいことだろう。

普通は整然とたくさんの漢字が並んでおり、誤字脱字がない。

「君もこういう書類を将来読む必要がある、だから国語の勉強が必要なのだ」と教えることだ。小さな子供なら今、全部はわからなくても、一部は読めるだろう、だんだん文章も作成できるようになってくる。学校で習っている文字や文章は、大人が使っているものと同じであると、説明することだ。いわば、**今学んでいることの完成形を見せておくこと**。興味を持つほかに、オヤジを尊敬するようになるだろう。

子供が大学生であれば、自分の近い将来、必要とされる能力の見本でもあり、興味を示すことは間違いない。我々にとってはあたりまえの書類であっても、それを見たこともない人間は、「すごい」と思う。

私自身、言葉は知っていても会社に入るまで書類というものを見たことがなかったし、入社直後、課の懇親会の案内文書すら一人で作成することができなかった。

オヤジが作ったり読んだりしている英語の書類やパワーポイントで作成された資料、設計図面などは、言葉には出さずとも子供を感動させるものだ。

私もそうだが、会社から書類を家にかばんに入れて持って帰って、読まずにそのまま翌日会社に持っていくだけでは脳がない。

あなたの子供がすでに社会人であっても、年齢的に若いから、まだまだ十分説得力がある。ぜひ試してみてほしい。

51歳からのルール
62

子供と向き合おう

まずお断りしておくが、私は典型的な会社人間であり、家庭で費やした時間は極めて短く、基本的に不評を買っていたダメオヤジ族であった。

ただ、若干の反論はさせていただきたい。新聞の家庭欄によく「家で何時間父親が過ごすか」とのアンケート記事を見かける。私は、極めて不愉快である。

ここで生意気を言いたいのは、**1日に何時間一緒にいるかではなく、どれだけまっすぐに子供に向き合っているかということだ。**物理的に「一緒にいる」だけでは意味がない。

私は多分、月に30分程度は、まっすぐ子供に向かい合ってきたと思う。

家の夕食では、女房が立ったり座ったりであるし、テレビが会話の邪魔をする。子供も、場合によれば、自分の部屋に避難することも可能だ。

だから、もっぱら家族で外食するときに「**大事なことを30分だけ言う**」と前置きして、思いを語った。子供もそれ以上は言わないと知っていたためか、昔から黙って聞いていた。

今では、両方社会人で（結婚は未だだが）それぞれ部屋を借りて住んでいるが、月に1回程度は食事会をする。誕生日であるとか、○○記念であるとかという理由をつけて。今でも30分は、私は偉そうに語っている（正確に言うと一《いち》社会人としてちゃんと接している）。最近では、質問もたくさん出てきて、議論になることが多い。多少は成長したのだろう。

子供たちが小さいときに、この種の話をするときに、「親は裏切らない」という内容を何度か語ったのを記憶している。たまたま帰国子女なので多少の英語はわかるから、「親は、THE LAST PERSON TO 裏切る」と英語と日本語のちゃんぽんで説明した。

日本語の「親は裏切らない」はなんとなくうそ臭いが、英語の「（裏切ることはあるかもしれないが）最後に裏切る人である」という直訳のほうが、説得力があると思ったからだ。

さて、偉そうに**語った内容のほとんどは、会社でやっている部下教育と同じ**である。

人生の目標を持て。選択と集中をせよ。人との出会いを大切にせよ。前向きに明るくせよ。人から書物から学べ。など会社で普段言っていることと同じことを言うだけである。

彼らが社会人になった今でも、そのようなことを言っている。強いていえば、今は、自分ができていないことも、正直に言うことを心がけているだけだ。

51歳からのルール

63

子供の就職活動には、オヤジの出番がある

子供が就職を前にした大学生であれば、それこそオヤジの出番である。

ご承知の通り、昔と違って1人がインターネットで数十社エントリーするご時勢である。就活のテクニック本を読み、インターネットで企業業績を確認して、「潰れない」「給料の高い」「休みが取れる」会社を探すのがほとんどらしい。

大学生に話す機会があるたびに、私は必ず**就活のテクニック本やOB訪問に頼るより、オヤジに会社のことを聞けと申し上げる**（『こんな会社選びが「できるプロ」への第一歩だ』古川裕倫、ファーストプレス）。

入社2、3年目の社員と会社生活20年以上のオヤジのどちらが会社をよく知っているか。オヤジは、仕事の酸いも甘いも知っている。会社のすべてを語れなくても、参考になる話はたくさんできる。

ここは、仮に子供が中学生になった時点でオヤジが出番を放棄していたとしても、現役（も

しくは最近まで現役であった）**ビジネスパーソンが再登板しなければならない場面である。**

特に、仕事の喜びを語ることをお勧めする。

鉄鋼会社に勤める人は鉄板が好きだろうか。化学会社に勤める人は、肥料を枕元において寝るだろうか。そんなことはない。**自分たちが作ったいい製品がどう他で活用され、どれだけ喜んでもらえるかが、働く喜びであると伝えてほしい。**

小売業では、「いいもの買わせてもらった。ありがとう」という顧客の反応が店員の喜びであり、飲食業では、「おいしかった」と言われるのが喜びである。買い物や食事に一緒に言って説明すれば、さらに理解度は高まる。

ちょっと昔だが、工事の現場労働者が、「あの橋はおれが作ったんだ！」と赤銅色のいい顔で語るコマーシャルがあった。

どんな職業にも仕事の喜びがある。お金も大事かもしれないが、議論をつくすと、達成感であり、満足感に行き着く。

テレビ局や音楽会社は楽しそうだと思うのか相変わらず人気が高い。が、実は総務や経理をやっている人もいて、その中で制作に関われる人はごくわずかだ。格好よく見える仕事だけが自分の目指すところではない。そういうことを順送りしていただきたい。

51歳からのルール
64
家庭の理念を作ろう

会社で部下を育てることと家庭で子供を育てることに、たくさんの共通点があると申し上げた。

会社の運営と、家庭の運営も、また似ている。

会社には、普通、社是と呼ばれる会社の大方針、いわば会社の哲学が掲げられていている。会社によってはその哲学を脈々と何十年にもわたり、受け継いでいる。

家庭では、中には代々家訓を大切にする家もあるが、今の時代、家訓などという言葉もあまり聞かなくなった。しかし、ほとんどの会社に社是があるなら、**家庭に、なにがしかの方針があってもいい**ではないか。家訓ともまではいかなくても。

また会社は、社是という大方針の他に、事業計画や年度計画があって、目標が非常にわかりやすい。

中長期経営計画などとは家庭では呼ばないにしろ、中長期にわたる計画を持っている家庭は、あまり聞いたことがない。家族において目指すところを親と子供が一緒に語っていればたいへん素晴らしいことだが、ほとんどの家庭ではそこまではいっていないだろう。

長期的な考え方は特に決めておらず、入試や就職活動などの節目に追われているのが目一杯というのが現状ではないだろうか。

そこで、**教育方針や生き方についての共通認識を家庭で持つ**ことをおすすめする。

子供をどんな人間にしたいか。「前向きな人間に育てたい」「自立できる人間に育てたい」「優しい人間に育てたい」など、なにがしかの方針があったほうがいい。

家訓は、その家庭の先祖のだれかが作ったものである。ならば、ちょっとおおげさに言うと、今の家長が作ってもかまわないものだろう。家庭で生きていくうえでの何らかの方針があってもいいと思う。

あなたが会社で方針や計画を作成するのに慣れているのなら、家庭でも同じことをすればいいのだ。

今からでも決して遅くはない。子供のためにも孫のためにも、オヤジが考えるべきことではないだろうか。

51歳からのルール
65

会社や学校のように家庭でもルールを持とう

会社には定款があり、意思決定機関があり、だれがどのように意思決定をするかが明確である。就業規則や経理規定などたくさんの決め事がある。学校にも規則がたくさんある。

一般的な家庭は、それらに比較して圧倒的に規則が少ない。あっても、家訓や門限程度だろう。会社のように罰則規定や意思決定方法が明確であるとは思わない。

しかし、家庭でもルールを持つべきである。

そして、**家長であるあなたが家の責任者であるのだから、子供に対して家長のルールを好きに決めればいい。もちろん子供のことを考えた上で、である。**

子供がまだ中学生の頃に、たまたま巡り合った本に「家長は自分の方針で好きなことを決めよ」と書いてあった。読者には恥ずかしながら、次の3つを決めて子供たちに言い渡した。

① 家にはテレビは1台しか置かない

② 携帯電話は大学生になってから

③東京に住んでいる限り、車は持たない

言ったとたんに、反論が来た。①の反論には「私はほとんどテレビを見ないし、他の家族で相談して見る番組を決めればいい」と説明した。内心は子供たちが自分の部屋に閉じこもってテレビを見てほしくなかった。自分がほとんど家にいないので、たまには一緒にいたかった。女房も一緒に反対する項目もあったが、どれも突っ張ねた。

同時にこう言ってもあった。「早く学校を卒業して自立すればいい。そうなれば、部屋にいくつテレビを買おうが、携帯電話をいくつ持とうが、車を買おうが勝手。ただ、この家にいる限りは、家長のルールに従ってもらう」。

私は家庭においての方針を「**自立できる人間とする**」ということに決めていた。

幸いにも2人とも学校をダブらずに卒業し、就職した。内心うまくいったと喜んでいた。

だが、世の中はいろんなことがあるものだ。

子供は2人とも就職をしたら、さっさと1人暮らしを始めてしまった。私は、過去に偉そうに言っている手前、文句を言う立場にない。多少寂しくはあるが、今でもいいことだと思っている。いかんのは、心底寂しい思いをしている女房である。そのせいか、ついついこちらに八つ当たりが来るのだ。

51歳からのルール

66

自分と家族のスケジュールを決めよう

会社では、大なり小なりスケジュール管理がされている。

締め切り付きで書類の提出が求められたり、社内行事を前もって案内されていたりしている。

家庭においても、少しはこれを見習ってもいいと思う。

普通のビジネスパーソンは、月曜日から金曜日まではスケジュール帳にぎっしりと予定が入っているが、週末に関しては、ゴルフの予定でもない限りブランクであることが多いのではないだろうか。

結果、週末は一日中家でゴロゴロしている日が多い。私のように意志の弱い人間は、土日に何をするか前もって計画を立てておくのとおかないのでは大違いである。

家族全体のスケジュールもそうだ。子供が長じるにつれ、生活時間にズレが生じてくるものだろう。それぞれが何をしているか、知らない父親も多いし、教えない子供がほとんどだ。

ならばたとえば、「原則、月1回第○週の土曜日に一緒に食事にでかける」と、前もってスケジュールを決めておけばいいことではないだろうか。

先に述べたとおり、我が家の子供たちは今は独立して住んでいるが、月1回程度は食事をしようとだけ決めてある。それだけでも、実現性は高い。

会社では、先のアポイントを決めたり、スケジュールを立てたりしているのだから、家庭でもそれがあってもいい。

それを子供たちが引き継いでいけば、多少は子孫のためにも、貢献できるのではないだろうか。

まことに小さなことではあるが、子供に教えることの一部であり、後世に「順送り」できる1つだと思う。

とはいうものの、恥ずかしながら、私も結構自分のことが計画的にできていない。

毎年年賀状を出すとはわかっていても、街角に年賀状の締め切りが告知されているのを見て、ああもうそんな頃になったのかとやっと気が付いて、時間に追われて年賀状を作る。これが毎年のことであり、情けない限りだ。もっと計画性を持ちたいと毎年思う次第である。

51歳からのルール
67

家で「しくみ」をつくろう

先に述べた計画や規則もそうだが、会社にはたくさんしくみがある。

英語に「Give him a fish, and he eats for a day.　Teach him to fish, and he eats for a life time」という言葉がある。

「魚を1匹与えると彼は1日食べることができる。魚の採り方を教えると彼は一生食べていける」という意味だ。

部下に仕事のやり方を教えるのは、時間もかかるし面倒だ。しかし、毎日細かい指示を出すのではなく、目的を説明し、やらせてみて、任せるということが重要である。

繰り返しではあるが、**自分で考え、行動できる人間に育てる**ということである。当初は時間がかかるかもしれないが、結局そのほうが、効率が上がる。これもしくみの1つ。

業務のマニュアル化もしくみの1つであり、部署でこの場合はこうするようにと決めておくことも、しくみの1つだ。

ならば、会社を見習って、家庭でも、やらせてみて、任せるしくみを作ってみてはいかがだろうか。

簡単なものでいい。

我が家では、風呂と洗面所は娘の担当としていた。

当初は文句を言っていたが、だんだん自分の領域となってくると、誰が汚したのかと詰問するようになった。

実用的なもののほうがイメージがわくかもしれない。

たとえば、地震などの災害時に家族が落ち合う場所を決めておくのは、いかがだろうか。大地震が来たら、通話が込み合うため携帯電話はまず不通となる。家族の安否を確認するには、どこかで落ち合うしかない。皆で意見を出し合って近所の公園とか学校であるとかを決めておく。その気になれば、10秒でできるしくみである。

家でもしくみはいろいろ考えられる。

これまでに申し上げてきたことや、これから説明することは、しくみと呼ぼうと思えば、すべてしくみと呼べるものだろう。

51歳からのルール
68

物語の「ヘソ」を家庭でつくろう

映画やドラマにはほとんどの場合、「物語のヘソ」というべき、**乗り越えなければならない壁や試練**がある。

悪者が出てきてそれをやっつけたり、病気を乗り越えたり、人にいえない悩みに勝ったり。最初から幸せ物語で、途中も順風満帆、最後もハッピーエンドであれば、三文小説にもならない。

幕末の混乱期に優れた人物が活躍できたのも、開国を求める海外列強からの圧力という「ヘソ」があった。鎖国を継続することも難しいし、近隣他国のように植民地化されることも望まない。考え、悩み、試行錯誤した結果、歴史の大きな変革時期となった。しかし、気鋭の若手の想いを1つに結束させた。

列強の「ヘソ」は、明治時代も続き、戦争を通して人は苦労した。

昭和の戦前・戦中の人々の生活の「ヘソ」は食糧事情だった。それをバネに日本の高度成長に貢献したといえる。「もったいない」「ものを大事にする」「懸命に働く」などの考え方につながったのではないか。

今は日本に戦争もなく、命の心配を日々する心配もない。さらに飽食の時代であり、食べものは一般的なヘソではありえない。

今のヘソは、不治の病ぐらいだろうか。いじめやうつ、ニートなど数え上げれば切りがないが、以前と深刻さが違う。

だからこそ、**子供のために家庭に「ヘソ」をつくるべき**ではないかと思う次第である。

会社には、計画達成、問題解決、人心掌握など多くの「ヘソ」がある。

どこの会社でもなにがしかの悩みを抱えていて、「ヘソ」を乗り越えるのに苦労している。若手も悩み、古参も苦しんでいる。そんな苦労や厳しさもなければ、成長もしない。

だから、家庭においても「ヘソ」をつくるということ、考えることが必要なのだ。

贅沢三昧、好き放題では、まともに子供が育つはずがない。

先に申し上げた家長のルールが、人工的な「ヘソ」になるのではないかと思う。

それを乗り越えたところに、成長がある。

51歳からのルール
69

過保護化社会に警鐘を鳴らそう

会社で厳しさを持って部下教育をしていても、家庭でそうできているとは限らない。またボヤキと言われるかもしれないが、電車に乗っていて目を覆いたくなることがある。目の前に1つだけ席が空いている。

上司と部下がそこにいるとすると、上司が座るだろう。私は、正しいと思う。師匠と弟子がそこにいるとすると、師匠が座るだろう。私は、正しいと思う。年寄りと若手がそこにいるとすると、年寄りが座るだろう。私は、正しいと思う。母と子供がそこにいるとすると、なぜか子供が座る。私はこれがわからない。

また、会社に新入社員の親から「今日は風邪を引いたので休ませます」と連絡が入ったり「ウチの子の残業はきつすぎる」とクレームがつく昨今だという。世も末だ。

会社では、部下の言うことに耳を澄ましつつ、同時に部下を育成しなければならない。

育成とは、決して部下を甘やかすということではない。間違いはわかるように指摘し、叱ることも大切である。そんなことは50代ともなれば熟知している。

核家族化でもう1つ上の年代からの教えが少ないのか、少子化でかわいがりすぎるのか、それとも我々男性が家のことから逃げてしまっているせいなのか、はたまた学校の先生が言わないためなのか、その辺りはよくわからないが、わが国の躾が、親がおかしくなっている。

随分偉そうに聞こえるだろうが、そろそろ我ら会社人間も、このことに腰を上げなければならない。

それには、会社でやっていることのほんの数分の一を家庭で実践することだ。**会社の厳しさのその数分の一を家庭で求めれば済む**話ではないかと思う。

仮に、すでに子育てには失敗したという同朋であっても、まだまだ遅くない。あなたの子供はいずれ父になり、母になる。新米の父母も子供がかわいいに違いない。だから、自分から見て孫のために、あきらめずに、自分の子供に語ってやることだ。

繰り返しで恐縮ながら、会社での部下教育のほんの一部を家庭に転用するだけでいい家庭が増え、住みやすい社会になるのだ。いかがだろうか。

51歳からのルール
70

親の恩を忘れない

50代といえば、親の介護や親との永久の離別が現実になってくる。お世話になった親への感謝の気持ちを語る友人も多い。

幸いにも私の両親はまだ元気であり、本書に何か書けるだけの経験をしていない。だから代わりに、ある研修で知り合った勉強熱心な若い女性が私の携帯に送ってくれた次の文章を紹介しよう。感動をいただいた。みなさんにも順送りさせていただく。花岡大学さんがある雑誌に紹介された文章だそうだ。下手な解説をするより読んでいただいたほうがいい。

「君は今まで、親の体を洗ったことがあるかね」

ある青年が、一流企業の入社試験で、社長から、こんな質問を受けました。

「いいえ、一度もありません」と答えると、社長は、意外なことを言ったのです。

「君、すまないが明日この時間にここに来てくれないか。それまでに、親の体を洗ってきてほしいのだが、できるか」「はい、何でもないことです」と、青年は答えて家に帰りました。

父親は、彼が幼い時に亡くなりました。母親は、一人で必死に働いて子供を大学まで出させたのです。彼は、「お母さんが呉服の行商から帰ったら、足を洗ってあげよう」と思い、たらいに水をくんで待っていました。

帰宅した母は、「足ぐらい自分で洗うよ」と言います。事情を話すと、「そんなら洗ってもらおうか」と、縁側に腰をおろしました。

「さあ、ここへ足をいれて」と、青年はたらいを持ってきます。母親は言われるとおりにしていました。彼は、左手で母親の足を握りました。しかし、洗うはずの右手が動きません。そのまま両手で母親の足にすがりつき、声をあげて泣いてしまったのです。

「お母さんの足が、こんなに硬くなっている…。棒のようになっている…。学生時代に毎月送ってもらっていたお金を『当たり前』のように使っていたが、これほど苦労をかけていたとは…」と知らされ、泣かずにおれなかったのです。

翌日、青年は、社長に

「私は、この会社を受験したおかげで、どの学校も教えてくれなかった親の『恩』ということを、初めて知らせてもらいました。ありがとうございました」とうれしそうに言ったそうです。

（『親のこころ』木村耕一、1万年堂出版、「はじめに」から引用）

8章

第2の
スタートの
ルール

51歳からのルール
71

毎日を有意義に過ごそう

こんな話を聞いたことがある。

あと60日で自分が死ぬと宣告されたら、ほとんどの人はその60日を有意義に過ごす。時間が限られる中で、やっておくべきことをしておこうと思う。では、あと30日で死ぬとなればどうか。それも同様で、しっかり30日を生きようとする。

それでは、明日死ぬとなっていたらどうか。やはり、今日を目一杯生きようとするのだ。

新渡戸稲造の『武士道』や山本常朝の『葉隠れ』を読むと、武士は命を惜しんではいけないとある。武士としての潔さが必要であり、いつ自ら命を絶ってもいいという心がけを持っておくことだと。だからといって明日死ねとは言っていない。**明日死んでもいいように今日を目一杯しっかり生きよ**という教えである。

50代は、これからなにをしていくかが大切である。ある程度の残りの時間が見えているからだ。

男女とも平均寿命が延びてきて高齢化がますます顕著だ。誰しも長生きはしたいと思う。しかし、**ただ長生きするだけではなく、いい人生を送ることが大事なのではないだろうか。**

そのためには、学んで自分を高め、友を作り、後世に貢献するなど、やることがある。また、健康にも留意しなければいけない。あるとき瀬戸内寂聴さんがこう言われていた。

「人間は死を恐れるのはあたりまえである。ただ、私は、死ぬことよりも、身の回りの世話などで自分の周りに迷惑をかけるほうをもっと恐れる」

私も同感である。まだまだ健康なのでそう言えるのかもしれないが、介護で周りに何年も迷惑をかけるのも嫌だ。脳死となれば余計な延命治療は不要であり、それはすでに家族に伝えている。癌の延命治療も同じ。

歳をとれば、体のどこかが悪くなったり、持病の1つぐらいあったりするものだ。体のすべての部分が、うまく平均にすり減って死ぬことなどありえない。どこか体の一部が悪くなって、それが原因で死ぬのが普通である。

自分で死ぬことを選択するには、自分の頭だけがしっかりしていればできる。だから私は、他の臓器に先駆けて脳がいかれてしまうことだけは、避けたいと思っている。

いろいろ考え方はあるだろうが、そのように思うことが今日を精一杯生きることに繋がる。

51歳からのルール

72

利害関係のない人脈をつくろう

私は、転職組で、大規模会社、中規模会社、そして小規模な会社を経験した。

そんな違いを見てきて大変勉強になった。それぞれの会社に「自分の常識」があり、他社も同じやり方だろうと思い込んでいることが多い。ところが実際は、十人十色である。

それぞれの会社でなんらかの悩みを抱えているし、見習いたいいい点もそれぞれにある。

大会社でなかなか気づかないのは、**社外の人脈作りの重要性**である。

朝オフィスで顔を合わせ、昼食を会社の同僚と食べ、昼からも会社で一緒、夜一杯呑みに行くのも同僚と一緒。週末ゴルフも同じ会社の人間と行く。場合によっては、社宅で一緒ということもある。ややもすると、社内の人との付き合いで自己完結してしまっている。

仕事にしても、大会社には法務、財務、経理など社内の管理本部があるので、自社の専門家に相談したり、事前合意を取り付けたりと、やはり社内の人間と話す機会が多い。

他方、小さな会社では直接弁護士や税理士と話すし、他社の人間とも付き合いが多くなる。

私は大会社から転職して、**人様と知り合うこと、なにか一緒にできることは、非常にありがたいことだと思うようになった。**

袖触れ合うも他生の縁というが、たとえばカウンターの小さな店にいけば、隣の人と話をする機会も多い。隣の人は仕事も考え方も、全てが違う。そういう出会いも大切にしたい。

日本人は、非常に帰属意識が高く、他人の帰属先まで知りたがる。学生であればどこの学校であるか、働いている人ならばどこの会社を知りたがる。自分が付き合うかどうかを、そんなことで判断するふしがある。

そうではなくて、50代ともなれば、いろんな人と知り合って、ご縁を大事にしたい。

特に**利害関係のない人は、なんでも遠慮なく言い合えるからいい。**

利害関係が一番大きいのは、客先・取引先ではないかと思う。WIN－WINばかりで事は運ばない。向こうが儲かれば、こちらが損をすることもある。私の名刺箱にも山と名刺があるが、いい友達として付き合っている元客先は、ほんの数えるほどである。

まだ早いかもしれないが、確実に「あの世」に近づいてきている。

いい友達を、特に利害関係のない友人を増やしておきたい。

51歳からのルール

73

第2の人生を楽しんで考え始めよう

50代ともなれば、定年退職が視野に入らざるを得ない。

「あと4年で定年だ」と友人が言う。次はなにをするのかとなんどか訊いたが、「もう働かないだろう」だとか「まだ特に考えていない」としか返ってこない。

先にも述べたが、**50代は、会社生活の40年では最終コーナーであっても、今から平均寿命の最後までの第1コーナーである。定年前に、今から考えて、できる準備もしておきたい。**

定年まで、もしくはその後もおもしろく働くもよし。長いサラリーマン人生の締めくくりに休暇をとってゆっくりするのもよし。

先の人生を今から楽しんで考えておきたい。それを考えるのも楽しみだ。

昔、旅行会社の友人が私にこう言った。

「旅行はできるだけ前もって計画すべき。旅行は、ああでもないこうでもないと計画することや、旅行の日がまだ来ないかと待っているのが楽しい。実際に旅行している時間などは、アッという間に過ぎてしまう。だから、昨日行こうと思い立って、今日出かけるのであれば、楽しみが半分しかない。1年後に家族と行くなら、1年間〝楽しみだ〟と家族に言ってもらえる。さらに、早めに決めると安く行ける。いいことだらけだ」と。

自分が、数年後に始めたいことを今考えること自体楽しいことだし、ある程度のイメージでも持っておけば、今からしておくことがその時点でずいぶん役立つこともたくさんある。

それには、退職した先輩の話を聞くのが役に立つ。今、自分がやっていなくても、将来やりたいと思うことがそういう機会から訊き出せる。

私の尊敬するある先輩は、ジムに週3回行って身体を鍛え、さらにワイン教室とイタリア語の学校に行かれている。聞こえてくるのは、やっていることだけだが、実際に一杯やりながらご本人に聞くと興味深い。

「おいしいものをもっとおいしく飲み食いするためにその3つをやっている」のだそうだ。おいしく飲んだり食べたりするには、まず自分の食欲がなければならない。どういうワインがいいのかを知って、イタリアワインのボトルに印刷されている内容も読めるようになりたい。イタリア料理にも精通する。そういう、こだわりがおもしろい。

51歳からのルール

74

身の丈の生き方を考えよう

人は他人様があって存在するものであり、一人で生きていけない。そんなことは、50代のあなたはよくわかっているだろう。少なくとも心の内では。

「君子とは、良心を発揮するだけで満足できる人である。小人《しょうじん》とは、打算や見栄で動くものであるが、それは自分が自分の心を裏切っていることになる」（佐藤一斎、言志後録）。

人様のお陰で自分があると思える我々世代であるから、打算や見栄からそろそろ卒業してもいいだろう。

また**歳をとってわがままになってしまうのであれば、逆手にとって上司や経営者に直言してもいい**。会社にとっていいことであれば、正論を頑固に通せばいい。

念のために申し上げるが、同じわがままでも、部下や目下だけに好き勝手を言う輩がいる。これはわがままではなくて、腰抜けという。いい歳で腰抜けは、見るに耐えない。自分より歳の若い上司にも、代替わりしたばかりの若い経営者にも、直言しよう。

定年退職も近いことだし、いい意味で自分をさらけ出したい。

見栄もそろそろお別れとしたい。できない人間ほど格好をつけたがり、弱い犬ほど吠えるのは、もう我々世代は十分知っている。

ただ、わかっていても、なかなかできない。私も凡人の代表で、同様だ。

打算するくせも、見栄という重い鎧も捨てて、身の丈で生きたいものである。


立派な経営者や人間力の高い人は、それができている。人を説得するときに、自分の成功談ではなく、失敗談を語る。成功談では、「あんただからできたんだろう」と斜に構えられてしまうこともあるが、失敗談には、「あなたでさえ失敗したのか」と部下も共感するものだ。

島田精一さんが、あるときファーストリテイリングの柳井正さんに「いろんなご経験の中で、成功と失敗はどれぐらいの割合でしょうか?」と訊かれたそうだ。「5勝5敗か4勝6敗ぐらいですかね」と答えたとのこと。

その後、柳井さんが『一勝九敗』（新潮社）というベストセラーを出版され、「少し見栄を張ってしまった、あのときを思い出すととても恥ずかしい」と島田さんがおっしゃっていた。

このことを大勢を前にした講演で話されるから、またすごいのだ。

51歳からのルール
75

もらったご縁を大切にしよう

50代のサラリーマンには、定年退職という大きなゴールがもう見えてくる。

第2の職場に就こうが仕事以外のことをしようが、人とのお付き合いが大切になってくる。今から、人のネットワークを広げておくことである。

先にも述べたが、特に大企業に勤めている人は、会社の中で人間関係が自己完結してしまうことがある。客先を除くと、新しい人に巡り合うことが少ない。

社内でも、部下を含めて将来付き合っておきたい友達を作っておくに越したことがない。

また昨年のことだが、ある出版社のご紹介でビジネス系のメールマガジン（メルマガ）を配信している方に出会った。若いが、勉強家で礼儀正しく、大変立派な人である。

その方のメルマガで私のホームページを紹介していただいたら、また、それを読んだ方々に知り合えた。私が地元で主催している世田谷ビジネス塾に参加され、その方のご紹介でまた新しい方に出会うことができた。

別の場所で、前の会社の同期（やはり転職組）に会ってその方の話をしたら、「そのメルマガは3年以上読んでいるよ。素晴らしいね」と言われた。

また、購読している別のメルマガにメールを送って、執筆者にお会いしていいご縁も頂戴している。

若い人の一部は、**人生で会える人の数が限られている**ということに気がついていない。若い人ではなくても、そういうことに気がつかない人がいる。

生まれてから70年間、80年間、毎日全国を走り回っても、会える人など限られている。しつこいが、会社の先輩・同僚・後輩なども、限られたご縁の人だと理解しておくことである。

そうして今あるご縁も長い人生でかけがえのない友人となるかもしれない。

ご承知の通り、**ご縁は天から降ってくるものではなく、自らアンテナを高く上げ、積極的に行動して広がっていくもの。**

将来の方向性はともかく、今からやっておくことだと思う。遅くとも60歳までに開始しておかなければならないことでもある。

51歳からのルール

76

新しいご縁は邪心なく求めよう

自らご縁を求めるのもよし。

私は、日本と海外という地理的な横軸をつなぐことにも興味がある。

その関係で、日本に長いアメリカ人の友人の勧めで、彼が加入しているアメリカ商工会議所の日本支部に新規加入してみた。

新入会員のためのオリエンテーションがあるところなどは、アメリカ的でいい。ベテラン委員から会の趣旨や活用方法などについての説明があり、「他社との関係構築」にはぜひ活用してもらいたいが、「押し売り」は止めましょうと釘を刺された。

「No one wants to be sold.（**誰も売り込みを受けたくない**）」

店に入ると、「Can I help you?」と聞かれるが、お店側の売り込み精神が強すぎると、買おうと思ってきていた気持ちが失せることがあるでしょう、との例を出しての説明である。

西洋人も「Can I help you?」とゴリゴリやられるのは、気分が悪いのだとの新たな気づきをいただいた。

同じように、日本で異業種交流会に参加して、ときどき閉口することがある。名刺交換はしたものの、名前も顔をまだ覚えていない人から、翌日リゾートマンションの売り込みの電話がかかってきたりするのだ。

もちろん、人との新しい出会いは、素晴らしいものだ。**どんどん業種や年齢の違う人に会いに行こう**。それは絶対におすすめする。

しかし**出会ってお互いに知り合うには、時間もかかる**ものだ。

結果的にビジネスにつながれば、それはよしだが、ビジネスだけを求めてのお付き合いはみっともない。50代のあなたは、**少し余裕を持って人を見てみよう**。

異業種交流会は、まったく知らない業界の人に出会えて、勉強になることが多い。

残念ながらすぐに売り込もうとする人がいることも、勉強の1つ。普段から書物に接し、勉強しているだろう話題が豊富な人もいるし、自分の仕事を説明するのが精一杯な人もいる。

一度に30人に会っても、付き合いをしていきたいと思う人は、1人か2人ぐらいか。それなりの話題の引き出しを持っていることも重要だ。やはり、人との出会いはすばらしい。

51歳からのルール
77

GIVE&GIVEを心がけよう

30年間、同じ組織にいると忘れがちだが、会社の看板を外したときに気づくこともある。

あなたの仕事の世界は、30年でほぼ完結している。同じ部署でこれまで通り仕事をしていれば、GIVE &TAKEを心がけずとも相手がついてくる。

しかし、いったん今の職場を去れば、そうはいかない。新しい世界に飛び込むときは、新しい相手との関係を構築していくことになる。

ご縁があってともにビジネスをする相手には、お互いにGIVE &TAKEする必要がある。GIVE & TAKEとは、その単語の順番通り、**まずGIVEがありそして次にTAKEが続く。やはり、その順番が大切なのだ。**

ところが、世の中にはいろんな人がいる。

TAKE&TAKEの人。異業種交流会にいって、名刺交換をした人に即営業をしたがるタイプだ。「自分が興したこんなにいいサービスを契約しないほうがおかしい」と思う。その感覚がまずおかしい。

TAKE&GIVEの順番でも、やはりいけない。人は、自分のことしか考えないから、この姿勢では利害関係がない人は動かない。

GIVE&TAKEは、文字通り、**まず自分から人に与える**との教えである。

ただ、GIVEすれば、必ずTAKEできると安直に考えるのは、いかがだろうか。TAKE先行よりはるかにましではあるが、TAKEを目指してGIVEしていること自体があさましい。

GIVEして、ご縁があれば、自分も得る機会があるかもしれないというぐらいの考えでありたい。

50代はむしろ、GIVE&GIVEでいい。年齢や社会的なことを考えると、我々はなんらかで社会に貢献したいと考えてもおかしくない年代なのだから。

オレは嫌だというのであれば、人との出会いやご縁などを信じないほうがいい。それなら1人で他人に迷惑をかけないように、ひっそりと生きてもらいたいものだ。

頭の片隅に、少しでいいから**若手の役に立つ**であるとか、**役立つことを後世に順送りしたい**ということを入れておけば、GIVE&GIVEも抵抗がなくなるはずだ。

恥ずかしながら、自分自身にもそう言い聞かせている。

51歳からのルール
78

万年幹事を続けよう

歳をとってくると、同窓会の回数が増えてくる。また、その周期も短くなってくる。

私の中学校の同窓会を5年前に企画してくれた立派な女性がいる。中学校の名簿の他に、近隣の高校の名簿を集め、人づてに聞き、恩師と連絡を取り、場所・料理・飲み物を予約し、案内を出し、集計して、当日運営をする。**幹事はまさにたいへんな仕事である。**

私は「当日の司会はやってね」と言われ、謹んでそれは引き受けた。が、幹事以外の周りの人間は、「やろう、やろう」とは言うものの、自分はまったく動かない。連絡が取れない人を探したり、参加するよう勧誘したりしない。

ここで、セピア色の中学生時代にタイムスリップする。

成績も優秀で、人間力の高い当時の彼女から、我々男子は「古川君、なにをやってるのよ」「ちゃんとしてよ!」とよくボディブローをくらっていた。正しいことを正しいと言い、間違っていることは違うという人だった。

同窓会が近づいてきて、メールに「ところで、わかってない人が多いのよね」と要件の連絡以外にコメントがあった。それを見て、「何のこと?」「どこのどいつがわかっていないのだろう」と思っていたのだが、「わかっていない」というのは（司会という目立つ役は引き受けても）参加者の勧誘に腰を上げないお前も含めてだということを後から電話で聞いた。その瞬間、また一発ボディブローをもらっていたことに気がついた。「あほは治らん」のである。

この場を借りて、感謝の気持ちを表し、お詫びをしたい。

長くなったが、人は幹事役をなかなかやりたがらないのである。集まりたいとは思っても。歳をとっても、会社で偉くなっても、仲間や先輩が集まる幹事は、誰かがやらなければならない。会社では、部下にさせ、仲間内でも持ち回りにさせたい気持ちはわかる。

しかし、1つや2つは、**自分が万年幹事をしてもいいではないか**。

あるときもう現役を引退した先輩に、私が今でも幹事をやっている2つの会の話をした。人間力の高いその先輩に、もういい加減に幹事を卒業したいとボヤいた瞬間である。

「バカヤロー、俺だって万年幹事はいくつもしている。死ぬまでやることだ」

51歳からのルール
79

パソコンの先生は身近に探しておこう

パソコンは会社のシステム部に頼らずに自分でできるだけ操作できるようにしておきたい。

現在の50代のほとんどは、ワード、エクセル、メール、インターネットでの調べ物ぐらいはできるだろうが、ほとんどがシステム音痴ではないだろうか。しかし、会社生活を通してその便利さを知っているがゆえに、引退しても自宅でパソコンなしではやっていけない。メールがなければ、飲み会の案内も受け取れない。

我々は、30歳前後にワープロに出会い、40歳前後でパソコンを使い始めた。女性アシスタントやシステムの人間にずっと世話になってきた世代だ。IT時代に乗り遅れたともいえる。

私も、もちろんその一人であり、会社を辞めてから苦労した。幸い気軽に聞ける人間が何人かいたので、そのお世話になっていたが、電話で聞きながら操作するにも限度がある。自分と相手が使っているソフトが違えば、もう話が通じない。また、こちらは基本的な知識がないから、相手にとってはもっと厄介である。

あるとき、自宅のパソコンの反応が極めて遅くなった。いよいよだめになってきたので、ある後輩に頼んで、自宅まで来てもらった。ウイルスを駆除してもらって機能は回復したが、1日がかりの作業であった。自分でできるはずがない。必要なソフトがアップデートされておらず、ファイアーウォールもしっかり機能していなかった。

そもそも、ウイルスに犯されるなんて滅多にないはずだとたかをくっていた。「インフルエンザには絶対にかからないぞ」と精神論でがんばろうとするオッサンである。無知の上に、勝手なのだ。

引退する頃には子供が教えてくれるだろうと思うのも甘い。よほどできた子供でなければ、基本を理解していない親に何度も何度も付き合ってくれはしない。

あと10年、20年して、もっとパソコン自体の精度が上がり、トラブルの原因とその対処方法を自動的に表示するか、自動修復してくれるようになれば、我々も苦労しないだろうが、まだまだパソコンも進化中なのだ。

では、どうするか。**近くにだれか気のおける人を見つけておくか、お金を払って面倒を見てくれる人を探しておくほかない。**

第2の人生のスタートに際して、実務面で非常に大事なことなのである。

51歳からのルール
80

ボヤキのオッサンになろう

ボヤキのオッサンといわれても、ここはモノを言いたい。

民放がいかん。いや本当はスポンサー企業がもっといかん。

アメリカではすでに新聞社がバタバタ倒れ、日本の新聞・雑誌も大苦戦をしている。テレビもスポンサー収入が下がって、番組制作費にしわ寄せがくる。製作コストの高いドキュメンタリーやドラマは敬遠され、低俗なお笑いやバラエティに取って代わられている。テレビは、お茶の間に飛び込んでくる。我々が大切にしたい次世代もたくさん観ている。これでは日本の将来が気になる。

視聴率に局もスポンサーも振り回され過ぎだ。

最近、「坂の上の雲から学ぶビジネス」などの企業向けの講演をする際に、NHK「坂の上の雲」と「龍馬伝」の視聴状況を挙手してもらっている。出席者は50代男性が多いが、6割ぐらいの挙手がある。他方、実際の視聴率は、20%前後である。視聴率は、全国に7000

件もないサンプルデータではじき出され、それを費用対効果の基礎としているのだ。

そんなことを、あらゆるところで私はボヤいている。

言わずにおれないし、発言することで、何かが変わるかもしれないからだ。

ただ、ボヤクだけでは、やはりオヤジだと後世からもバカにされる。昔、「代替案のない否定はするな」と教えられた。**代替案をもって言いたい。**

要はスポンサーがまともな番組にお金を出せばいいのだ。

だから、企業スポンサー名を（インターネットでいいから）番組ごとに表示するのはいかがか。どの企業がどんな番組に提供しているのか、いい番組に提供しているのか、低俗番組にお金を出しているかがわかるようにする。

企業にいる我々世代ももっとしっかりしなければならない。会社では、目先も考えるが、中長期計画がある。視聴率とは、「昨日のデータ」でしかない。長期の企業イメージ戦略であるとか、社会的役割もあるではないか。

自分の会社がスポンサーをしているなら、いい番組に提供すべきと我々が会社のトップに提言しよう。

ボヤキのオッサンで何が悪い。後世のためになるなら、私は喜んでボヤき続ける。

9章

51歳からの遊びと健康のルール

51歳からのルール 81

遊びの心得を持とう

いろんな遊びや趣味があるが、楽しそうにしている人たちには共通点があるようだ。まず、**さわやかであること。いい笑顔で嬉しそうにしている。**

ある先輩は、東海道をはじめ五街道を仲間と歩いておられる。もちろん、2〜3日ずつに何回にも分けてである。

歩き出して最初の発見は、土地の高低であったという。普段乗り物で移動しても、地図で見てもわからないのだが、歩くと上りがあれば下りがあり、山があれば谷があることを実感するという。これが人生にも似ていると言われると、極めて説得力が高い。

すでに五街道はすべて歩き、今2回目だそうだ。2回目だともっと多くを発見するらしい。一度訪れた寺社仏閣でも、前に気がつかなかったことが発見できるとのこと。深い。

勝ち負けがある趣味では、負けてもさわやか、勝ってもさわやかである。負けてブツブツ言わず、勝っても相手を讃える。

私は年に数回、気の合う人と囲碁をする。ある先輩は自称3段で私は1級ぐらいなのでハンディ戦をやるのだが、実に結果が（私にとって）おもしろくない。やんわり、じっくり、真綿で首を絞めるように攻められ、そのうちに形勢が逆転し、そして最後には負ける。悔しい。マージャンの負けはツイていなかったと運のせいにできるが、囲碁は実力の上の人が勝つ。実力者が勝つのだから、負けてもしかたがないとはわかっているのだが、それでも悔しい。非常に悔しい。囲碁で負けると、頭の作りが大幅に負けているような気がする。

では、なぜやるのだろうか？　その人が素晴らしい人だからである。囲碁三昧のあとは、居酒屋で一杯がコースになっているが、こっちは酒ではぜんぜん負けない。敵は、ビール1杯で真っ赤になっている。仕事の話やいろんなことに花が咲くが、思い出したように「古川さん、2局目のアノ手はよかったよね～」と敗者を讃えることを忘れない。たまに私が勝つと「いや、アレは参ったよ」とまた持ち上げてくれる。

もちろん、勝ち負けは別にすれば、やっているときもおもしろい。

ちなみに、私は碁会所には行かない。何度か行ったことがあるが、私にとってはあまりおもしろくない。知らない人とやっても、続きがない。一杯飲める友達まではいかないからだ。

いい歳をした人間は、仕事もさわやかにやりたい。ましてや遊びでは、である。

51歳からのルール
82

NHK教育テレビから遊びと学びの種を得よう

最近のテレビ番組について、読者も不満があると拝察する。

不景気やインターネットの発達で広告料・スポンサー料も減ってきて、制作予算が削減されている。先にも述べたが、コストの高いドラマやドキュメンタリーなどの番組制作は採算に合わず、その結果、バラエティやお笑い番組ばかりである。民放の元気がないわけだ。

他方、ＮＨＫは元気がある。一般から視聴料を取れるビジネスモデルの是非は別として、ＮＨＫの進歩を私は高く評価している。

総合放送のドラマやドキュメンタリーも充実しているが、**最近のＮＨＫ教育テレビは、特によくできている。**民放の下手なバラエティなどより、よっぽどおもしろい。

知る楽しみを発見し、なにかをやってみようという行動意欲に駆り立てられる。

たとえば、語学番組。一昔前は、英語の先生の顔がアップで現れ、教科書を読んでいるような説明をするだけであった。動詞の変化や文章構造を学校で教えているのと同じように説明していた。例文も出てくるが、文法を説明するための決まりきったパターンである。

ところが、最近は違う。役に立ちそうな場面をうまく取り上げているし、出演者も（発音だけではなく）演技がうまい。

また、時事ニュースをさほどの遅れもなく差し入れているのも、フレッシュ感を高めている。チリの大地震（2010年2月27日）が1週間後には英語教育番組で紹介されていた。英語だけなく、他の語学もおもしろい。結構有名な外国人タレントを起用してネイティブ感を出しながら、先生臭くない。こちらもやってみようかという意識に駆られる。

語学だけはなく、習字、俳句、写真、ものづくり、スポーツなど分野も広い。パソコン番組でも気づきがある。また、それぞれのテキストが書店で売っているのも便利だ。

なにかを始めようかと思っている人は、時間があるときに1日NHK教育テレビを流していると、発見するものがあると思う。

なにかを始めようと思わなくても、一般常識を高めるという意味でも役に立つ。そういう目で見ていると、ますます、民放のバラエティーが貧弱に見えてくる。

51歳からのルール

83

浪漫を持とう

50代からしょぼくれていくなんて、ゴメンである。

「肉体には老若の差がある。が、心には老若差がない。気力には老若の差がある。が、理を求めて努力する志には老若の差がない」（佐藤一斎、言志耋録）

「青春とは人生のある期間をいうのではなく、心の様相をいうのだ」で有名なサムエル・ウルマンの「青春」という詩もご存知だろう。

どちらも、**歳をとるのと志は関係ない**との教えである。

歳をとるから、高い志を持っていたい。**具体的に何かを成したい**。

それを浪漫と呼ぶなら、**大きな浪漫を持ちたい**。

冒頭に述べた秋山好古の「生涯で一事を成せばよい」をぜひ実践してみたいものだ。

今、持ち合わさなくてもいいではないか。**浪漫探しの旅に出ればいい**。旅といっても実際に出かける必要はない。マスコミ情報であるとか、自分の職場、友達との話の中から、**自分**

がやりたいと思うことを見つければいい。そろそろ見つけようと考え始めたらいい。

たとえば自分が社会に対してなにができるか。どんな恩返しをできるか。これを考えることは愉快でたまらない。浪漫を見つけようとすること自体が楽しいのだ。先に旅行のことに触れたが、いつだれとどこに行こうか、そう考えるのも旅行の楽しみである。

浪漫を見つけようという姿勢があれば、簡単には老いない。何事にも興味を持ち、また自分を高めようと努力もする。

大和ハウス工業の樋口会長からこう教わった。「老」という漢字は、下の部分を途中で止めてしまうから「老いる」のだ。止めないで、チョッと下に引っ張って左に戻せば「考」という漢字になる。**「老いないで、考えよ」**との教えである。

そして見つけた浪漫を実践すればもっと楽しい。いい人生となろう。

吉田松陰は若くして亡くなったが、自分が生きているときのことよりも、後世の評価を重んじたという。だからこそ、たくさんの書物を残したのではないだろうか。佐藤一齋も人材教育に身を捧げ、思いを書き綴り、吉田松陰にも影響を与えた。幕末に活躍した多くの志士も、それぞれの浪漫を持っていた。

そこまではいかずとも、小さな浪漫を持って、実践したいものだ。

51歳からのルール
84

浪漫を語ろう

「浪漫を探せ」と偉そうに言うお前の浪漫はなんなのだと質問をいただきそうである。

生意気ながら、私の現時点での浪漫は、2つある。

先輩・先人の教えを順送りするという信条があるから、若手に伝えたい。具体的には、**ビジネス版松下村塾**みたいなものを作ること。ビジネス界で活躍する人に語ってもらい、年に3回行っているプラチナビジネス塾（講演会＋異業種交流会）を続けていくこと。

もう1つは、死ぬまでに**ビジネス本大賞**を作ること。世界に通用するビジネス書、世界に発信すべきビジネス書の表彰である。そうして若手にいいビジネス書を書いてほしい。日本は世界のビジネス大国なのだから、他国や後世に伝えて役に立つことがあるだろう。アメリカのビジネス書は日本でもたくさん翻訳されているが、その反対はほとんどない。

日本からこれまで世界に発信できているのは、アニメぐらいであって、映画、テレビ、音楽、文学などは、まだまだである。

ビジネス自体は、グローバル化している。日本の製品は世界に通用しており、技術も高い評価を受けている。日本流経営もある意味で注目されている。

であれば、映画や音楽よりビジネス書を発信するほうがずっとやさしいのではないか。

そんなビジネス本大賞構想について、気のおける何人かに話してみた。

「ビジネス本大賞の賞金と英語訳出版費用は、今ビジネス書で成功している人たちから印税の一部を集めてファンドを作ろうと思う」という部分には「出してくれるかな？」と苦笑いであったが、同年代の親友も大賛成してくれた。

彼は、いい生き方をしている素晴らしい人物である。大企業の幹部で若い人の意見をよく聞き、仕事もできる。雑誌や新聞の切抜きをよく持ち歩いている。会社の幹部は、ともすれば、トップに迎合してしまうが、彼は正しいことをしっかり主張する頼もしい50代である。

別の大先輩は、今やっているNPOが一段落したら手伝ってやると言ってくれた。この方は、酒を飲むとただのヨッパライであるが（私も同様）、語りモードに入ったら止まらない熱血漢である。

両者とも、言うだけではなく、行動力が高い。それぞれの浪漫を持っていて、一緒にいて楽しい。そういう人たちとは、浪漫を語り合える。

51歳からのルール
85

終の棲家を考えよう

「浪漫」にもつながるのだが、終《つい》の棲家《すみか》を考えるのも楽しいことではないか。

終の棲家とは、もっと先の自分の最後までを考えた自宅や介護施設などを指すこともあるが、**とりあえず50代としては、「引退したらどこに住もうか」と楽しみの1つと考え始めるのはいかがだろう**。

田舎へのUターンもいいし、好きな人は都会を離れて農業をやってもいいかもしれない。代々土地を継いでいる人は、基盤は動かせないだろうが、年に半分は別のところで暮らすのもいいかもしれない。

私の先輩の1人は、日本ベースであるが、マレーシアに年に半分ぐらい住んでいる。物価が安いので毎日ゴルフらしい。話を聴くと楽しそうである。

別の先輩は、東京と米国のサンディエゴを行き来している。サンディエゴは、なんといっても気候がいい。1月、2月に少し雨が降るが、それ以外年中「明日の天気は晴れ」である。

湿度は低く、からっとしていて気持ちがいい。

私は、まだ今の仕事の延長線上でやりたいことがあるので、別の場所への移動に関してはなんら確固たる意志がない。ただ自分の子供2人はすでに独立してそれぞれの部屋は物置になっているので、今住んでいるところにいる必要もない。そのうちに、狭くてもいいから駅に近い便利なところに移ってもいいと思っている程度だ。

バブル崩壊後安くなったとはいえ、私は別荘にはまったく興味がない。お金もないし、メンテナンスが面倒そうだ。別のところに行きたくなるかもしれない。やっぱり、私には温泉旅館がいい。

家の事情もあるだろうが、**趣味や友達のことを考えて、好きなところに住めばいい**のだろう。

140年前までは居住の自由がなかった。ある藩に生まれたら、ほとんどのすべての人が一生そこに住んだ。当時、藩とは国を意味しており、85%が土着した農民であった。

今はどこにでも好きなところに住める。昔から見れば夢のような時代である。そんな身近でいいことには意外と気がつかない。もったいないことである。

51歳からのルール
86

酒も「一流」に飲もう

あるイギリス人講師が日本人の特徴の1つは、「場面での人々」（occasional people）であると語っていた。昼間は会社に忠誠心を持って一生懸命働き、客先には礼儀正しく、大変立派である。ところが、夜になるとタダの酔っ払いになるばかりか、ひどいときには周りの人に大迷惑をかける。**働いている場面では一流であり、酔っ払っているときは三流であると。**

では、海外の一流とはどんなものか。昼間は一流の仕事をして、夜も一流のレストランやバーで会話を楽しみながら一流の飲み方をする。一流の人間は、ずっと一流である。海外の三流とは、昼間の仕事もいいかげんで、飲んだら大酔っ払いとなる。日本人のように場面で変わるのではなく、あくまで人に一流であるとか三流であるとかがついてくる。

確かに、日本人では「お酒の上で」とか「酔っ払って」とかの言い訳がまかり通っているとは思っていたが、この明確な説明を聞いて過去にタイムスリップした。

セピア色の場面1。行きつけの店で、35歳ぐらいのオニイサンが、隣の席で友人と景気よく飲んでいる。私は、あとから入店して、ノートパソコンを開けてチビチビ飲みながら残っている仕事を始めた。オニイサンが、帰り際にこちらを振り向いて「前にもここでお会いしましたよね」「パソコンでお仕事されて格好いいですね」と一方的にまくし立て、満面の笑顔で名刺を差し出してくる。好感の持てる青年ではあるが、要は大酔っ払いで、迷惑なのだ。

セピア色の場面2。その店で顔見知りの常連と私が、入り口に近いカウンターで飲んで盛り上がっていた。奥にはスーツ姿の外国人2人。英語の話も一部聞こえていた。彼らが帰ろうと出口にやってきたときに、「前にここで会わなかったでしょうか」「なかなか英語がうまい」とおもしろくもないことを言いながら、名刺を出して、笑顔で握手を求めた大酔っ払いがいた。私だ。まさに、occasional people そのものである。思い出すだけで恥ずかしい。

親友から、「前回飲んだときに言ったことを覚えているか」と次の酒の席で言われたことがある。もちろん覚えていない。最近は、飲んでいるときもメモ帳を横に置くようにした。

そういえば、最近酒を飲んで後輩に怒鳴り散らしたこともあった。大反省である。

酒量は変わらずとも、酒に弱くなってきているのか、頭がぼけてきたのかわからないが、昔では考えられなかったことが現実になってきている。自分への戒めを込めて、記したい。

願わくば、**一流に生き、酒も、一流に飲みたい。**

51歳からのルール
87

つまらぬケガはしない

骨折の3分の2は、家の中で起きるという。

知らない間に不治の病になっていたら、しかたがないと思うが、**自分の不注意で骨折だけはしたくない。**

若いころ、入社してしばらくして、あることで足を骨折した。ひどい目である。痛いし、不自由だし、ギブスを取ってもリハビリが必要だし、ろくなことがない。ギブスの上にビニールをかけて足を空中に浮かせながら風呂に入ったら、ドボンと頭が風呂に潜ってしまった。風呂でおぼれたら、格好悪いもいいところだ。

2年ほど前の大雪の日に、実家の母親が転んで骨折した。筆ペンを買いに行ったそうだ。同じ日に、マージャン仲間の先輩が転んで左手を骨折。数カ月は、懐手の丹下左膳とマージャンをすることとなった。さらに同じ日に、喫茶店で待ち合わせをしていた出版社の若者が時間になっても現れない。約束の時刻に遅れないように、走って歩道橋を渡ろうとして転倒、脳震とうを起こして、病院行きとなっていた。

ご存じの通り、若ければ問題もないが、我々の年代は転倒したら、すぐに骨折する。

痛風持ちの同僚が、しょっちゅう社内をスリッパを引きずって歩いていたが、あるとき「また痛風出たの?」と聞いたら、今度は骨折だと答えがきた。痛風は骨が折れたように痛いといつも言っている人である。どっちが痛いかとは、気の毒で聞けなかった。

3分の2は家庭で起きると確かテレビで見たが、受け売りでそれを会社の先輩の女性に語ったら、「私、3回骨折しましたが、確かに2回は家でやりました」と統計を実証していた。床の上の新聞紙や脱いだスリッパで滑って転倒、骨折となるらしい。

昔、駅の階段を下りていたら、何かの拍子にバランスを崩し、まっさかさまに落ちそうになった。「溺れるものは藁をもつかむ」とはよく言ったもので、瞬間に横を下りていた女性の二の腕につかまった。あとで、よくつかまったものだと思ったが、相手に迷惑をかけたこと甚だしい。当然、駅全体に響くような大声で「キャーー」と叫ばれた。心からお詫びをした次第である。

今、決めているのは、**つまらぬことでケガしないこと**だ。家の中では、床にモノを置かない。駅の階段は、手すりに届く距離を降りる。そんな**些細なことに注意する歳なのだ。**

51歳からのルール
88

文句を〝言う〟友と付き合おう

自宅の近くに大きな公園があるので、ペット好きの人たちともお付き合いがある。

やはりボヤキからだが、まともな飼い主も多いが、ひどいのもいる。その公園に「犬をベンチに座らせないで下さい」と看板がかかっている。子供を電車のシートに優先して座らせる母親もひどいが、そのはるか上をいく。

念のために申し上げておくが、私もペットを飼った経験があり、それ自体を否定しているわけでもない。**飼うなら、ペットに対しても責任を持て、周りにも責任を持て**と申し上げたいだけだ。

子供に対して、私は、「親バカ」はいいが、「バカ親」はいけないと申し上げている。ある程度のやさしさが先行してしまうのは仕方がないが、度を越えたやさしさ、バカかわいがりはいけない。ペットに対しても同様である。

犬にかわいい服を着せるのも楽しみの1つではあろうが、私は犬に訊いてみたい。「寒いのか」と。冬散歩するときは、体毛もない足先のほうがより寒いのではないかとも訊いてみたい。

子供が独り立ちしたら、さびしくもありペットを飼いたいと思う人も多いらしい。

それは、ある意味いいことかもしれない。しかし、雨の日も風の日も、散歩に連れていく覚悟、犬に対しての責任は必要だろう。

「小型犬は散歩させなくてもいい」などと語っている自分勝手な人間の話を聞くと、私は腹が立ってくる。そう小型犬から実際に聞いたのかと伺いたい。


久しぶりに同窓会で会った中学時代の女性の先生が、ショートスピーチでこう言われた。笑顔の素敵な優しい先生である。

「文句を言わない犬もかわいいが、その前に文句を言う人間と付き合うことです。犬は所詮犬畜生でしかありません」

部下や友人に置き換えてみよう。

「文句を言わない部下はかわいいが、その前にモノをいう部下を大事にせよ」

「文句を言わない友とはやっていきやすいが、その前に耳障りなことも言ってくれる友とも付き合え」

51歳からのルール
89

アレソレ病を自覚しよう

ある新聞記事に、自分が年をとったなと思うのはどんなときか、紹介されていた。

そのトップに挙げられていたのが、**人の名前が出てこない**こと。

次が、**固有名詞が思い出せない**こと。

あなたの近くにも「アレどうなっている?」「ソレだよ」「ソノ人だよ」とやっている人がおられるのではないか。

道ですれ違ったときに相手から「こんにちは」と言われて、どこかで見たことはあるのだが、どこの人か思い出せない。名前ももちろん出てこない。

これは、我々の年代にとって、ただの笑い話ではない。非常に切実な問題である。

私は、これを「**アレソレ病**」と呼んでいる。自分も、もはやこの仲間入りをしているのは、認めざるを得ないが、非常に悔しい。

アレソレ病は、まず、格好悪い。

それだけではなく、**説明能力や説得力の低下につながってしまう。**

たくさんの先輩や上司をこれまで見てきたが、「アレソレ病」と思われる人が、退職までに元に戻ったのを1人たりとも見たことがない。いったんかかってしまうと相当努力しないと元へ戻らないのかもしれない。想像ではあるが、退職後も決して戻らないのかもしれない。

だが、救いがないとは思っていない。「アレソレ」病ではない人もたくさんいるからだ。

しかも、70代になっても80代になってもそうなっていない人がいるのも事実。

たとえば、度々登場していただいている大和ハウス工業の樋口会長や住宅金融支援機構の島田理事長は、ご両者とも70代なのに固有名詞や数字がポンポン出てくる。

聖路加病院の日野原院長も100歳を超えて極めて元気で「アレソレ」とはまったく無縁。

職業柄そうなのかもしれないが、講談師の田辺一鶴さんは80代だが、記憶力がものすごい。講談の本論に入る前振りで、東海道五十三次を日本橋から京都まですらすらと言ってみせる。これはちょっと高等技術だと前置きをして、逆に京都から日本橋までも立て板に水。新作もご自身で創作されているので、若いときに覚えたからという理由でもなさそうである。

ここでは、まず「アレソレ病」の存在をしっかりご認識いただくこと。

周りの「アレソレ病」を観察願いたい。明日は我が身という言葉もある。

51歳からのルール
90

アレソレ病を防止しよう

実は、最近自分のアレソレ病が進行しているのではないかと不安になり、なんとかそれに立ち向かうべく、記憶力だとか脳のなんとかとかいう本を数冊買い込んで読んでみた。

だが残念ながら、さてどうやればアレソレ病を克服できるかとの答えは見つからなかった。

そこで、我流ではあるが、固有名詞を小型のノートに書き記して、それを暇があるときに見直そうと思いつき、やってみた。ノートは、「**ぼけんぞう帳**」と名づけた。

若干の瞬間的改善はあったものの、そもそも「ぼけんぞう帳」に記入することが面倒になってきて、あえなく挫折。

私は、医者でも脳学者でもないが、「アレソレ病」について自分の過去と今を考えてみた。

若い頃は、

・いただいた名刺もしっかり分類保管していた

・客先の固有名詞を挙げて、報告していた

・客先に訪問する前に、相手のメンバーの名刺を見て予め確認していた
・社内の先輩も数が多かったので、名前を記憶した
だんだん年をとってくると、自分がこうなっていた。
・名刺の保管が乱雑となり（名刺箱を探すのが面倒で）部下に「○○会社のご担当、なんと言ったっけ」と平気で聞くようになってきた
・「アノ会社に確認は済んでいるか」と部下に聞く。固有名詞を言わなくなっている
・会社に報告するときにも「○○社の部長は…」などと個人名を出さなくなってきた
反対に「アレソレ病」になっていない人の共通点を思いつく。
・なんでも物事に興味を持って接する
・普段から固有名詞を口にしている
・何度も語る
・物事を関連づけて体系的に見ることができる
体のあちこちも悪くなってきているので、記憶力が衰えるのも当然かもしれないが、やはり**自分は横着になってきている。**たとえば、マニュアルを読まずに、使い方を部下に聞くことがよくある。こういうことがいけないのだろう。

51歳からのルール
91

持病と上手につき合おう

私は、もう20年も糖尿病と共生している。ずっと飲み薬の世話になっている。

予備軍を入れると我が国に2000万人もいるといわれる糖尿病である。6人に1人が患者か糖尿病予備軍。40代では4人に1人が、50代では3人に1人という高い確率である。

私は、何度もいろいろな先生の話を聞いたし、栄養士の話も、調剤薬局の薬剤師さんの話も、たくさん聞いてきた。頭ではわかっているのである。どういう病気であり、なにが問題か。どうすればいいのかも。体重を減らして、運動をして、酒も控え目にして。耳学問は十分なのだ。

では、なぜいつまでも同じ病気に取り付かれているのだろうか。それは、先生の話はわかってはいるが、酒も飲みたい、飯も食いたい。つまり、**自分がコントロールできない**のだ。

が、インシュリン注射をするところまではいきたくない。その目標だけは、崩したくない。

無駄な抵抗かもしれないが、最低限の目標は持っていたい。

50代にもなれば、持病の1つや2つは抱えている人も少なくない。

痛風持ちもいれば、肝臓が悪い人もいる。いろんな専門医がいることを考えると、いろんな病気があるのに納得する。**だれしも、持病とのお付き合いをしていかざるを得ない。**

人間のすべての臓器が同じ比率で老化していって、最終的に老衰で死ぬことなどありえない。どこかが悪くなって、それが理由で死ぬ。それは仕方がないことだ。

50代で自分の体について思うことは、3つある。

先に述べたが、脳がだめになって身体は元気で結果周りの人に迷惑をかけることだけはしたくない。非常に大きな願望である。脳に対してできるだけのことはしていたい。

次に、**病気の話で暗くなることがいや**だ。同年代の仲間が集まると、病気自慢、病院自慢となってしまうことがある。「アノ病気に何年付き合っている」「あの病院はひどい」など。暗すぎる。話し合って、なにかの参考になるとか前向きになれるならいいが、暗い話ばかりだと、おもしろくもなんともない。

最後はこれも前に述べたが、人間には死があるからこそ、**生きているときを大切にしたい。**

平均寿命の話も、長生きの話もいい。すべての人に長く幸せに生きていただきたいが、どちらかの究極の選択をしなければならないのなら、**長さより中身である**、と私は思う。

51歳からのルール

92

素直に病気に向かい合おう

糖尿病というのは、名前が悪い。この病名を誰がどうやってつけたのか知らないが、「尿」という字があって、耳障りが極めて悪い。

私も、これまで自分が糖尿病であることは恥ずかしくて人にはなかなか言えなかった。他人も同様のようだ。長くいた会社で「あいつは糖尿らしいぞ」という周囲の言葉は聞いたことはあるが、本人から「私は糖尿だ」とは一度たりとも聞いたことがない。

糖尿病は、患者自身の努力でかなりの改善ができる。血糖値を計測している人もたくさんいる。だから、なにをどうすれば血糖値が下がるかという**貴重なアイデアや経験談をオープンに交換できれば患者にとってもいいことだ。**ただ、病名が悪すぎる。

医学界の方にはぜひ名前を変えることをお願いしたい。高血糖症と変えればいい。「尿」という文字をなくしてもらうだけで患者同士がもっとオープンに話すことができる。

お医者さんには「(節制していない)他の患者がどうやってうまくやっているか」という本

音を教えてほしい。多くのお医者さんは、禁酒、減量、運動などの一点張りで、我々に修行僧になれとでも言っているのかと思ってしまう。

心地よく酔えるまで酒を飲みながら「どうやってうまく」この病気と付き合っていけるのかをこっちは知りたいのである。「酒は一合以下ならよろしい」なんて公式見解を言われても、2時間も仲間と夕食をして、どうやって一合ですませることができるのだろう。2次会に行ったら不可能もいいところだ。

患者も悪い。

あなたも検査の前だけ数日間は節制してはいないか。先日、後輩を飲みに誘ったら、「健康診断が済んでからにしてください」と言われた。まるで背伸びをした会社生活みたいだ。

毎日生活しているそのままの姿で検診を受けて、**そろそろ先生にも素直に全てを語ろう。こちらが本音を語らなければ、先生も公式見解しか言えない。**

だんだんわがままになっていく歳だから、修行を求められたとたんに医者に行くこと自体を止めてしまう。それでは、元も子もない。

健康診断ですべての病気が発見できるとは限らないが、それによって命拾いすることもある。家族に対しての責任も一応は果たせる。これも先輩からのありがたい教えである。

10章

51歳から開いていくルール

51歳からのルール
93

さわやかに生きよう

去年の夏に、ある先輩に久しぶりに会ったら、きれいな色のポロシャツに、ピシーと折り目が入った白いズボンを着こなしている。

「おしゃれですね～」

と言ったら、こう返ってきた。

「歳をとると顔も身体も醜く、汚くなる。着るものぐらいきれいにしたい。それでも嫌がられるのだから」

その先輩とは、先に紹介した、63歳でさっさと会社を辞めてしまったさわやかな人物。現役時代からの人気者であり、尊敬されはしても、誰にも嫌がられはしない。

「春風《しゅんぷう》をもって人に接し、秋霜《しゅうそう》をもって自らをつつしむ」（佐藤一斎）

人間は、自分に優しく人には厳しいものだが、その反対を佐藤一斎が指摘している。

春の風のように暖かい気持ちをもって人に接し、秋の霜のように厳しく自分を見つめよ、と。

春風をもって人に接することができる人は人間力が高い。**「さわやかな」人**だと言われる人たちだ。先の先輩は、これを地でやっているような人物である。

口癖ですぐ「バカヤロー」とは言うが、やはり笑顔がいいのだ。**ぐだぐだ言わない。やることとやらないことを決めている。ぶれない。だらしなくない。**人間そのものがさわやかなのだ。

かくいう私は人間力が低いので、まずは自分がいやな相手にも優しく接することができるよう努力をしたい。

この「春風秋霜」は、私の商社時代の後輩の座右の銘である。実家を継いで、群馬県上牧温泉で、旅館を経営している。彼は笑顔がさわやかで、旅館の人たちも、とても感じがいい。

私も、命の洗濯に年に何度か訪れるが、一泊ではもったいないので連泊する。そして、たっぷりのお湯と利根川のせせらぎを楽しませてもらう。中でも、旅館の人たちのさわやかさが一番の癒しになる。さわやかな上司のもとでは、人もさわやかになっていくのだろうか。

51歳からのルール
94

感謝の言葉をしっかり伝えよう

私がロサンゼルスに駐在していたときに、何人もの日本人ビジネスマンを知っているアメリカ人のパートナーからこう言われた。

「日本人は、Thank you very much. を早く言いすぎる。**感謝の意を表すのだから、相手をしっかりと見て、ゆっくりそれを言うべきだ**」

普段英語で十分表現できず、早くもしゃべれないが、この文章だけは言えるので早くなるのかもしれない。が、それでは、指摘のように、感謝の意を表していることにならない。

また最近、コンビニやラーメン屋で、「アリガトマー」と言われることがあると思う。「おやっ?」と思って胸の名札を見て、日本人ではないことを知る。

ただ、日本語を習ったばかりなら「アリガトウゴザイマス」ときっと発音していただろう。

私は、彼らがそういう言い方になる理由は、**日本人がしっかりと「ありがとうございます」と言っていない**からだと思う。日本人が「アリャッス」とか「アリトー」としか言わないから、外国人もそうなってしまうのだ。

先のアメリカ人の話とこの話を合わせ考えると、恥ずかしい。自分の反省も込めてである。少なくとも英語圏、スペイン語圏、フランス語圏、イタリア語圏、ロシア語圏、ドイツ語圏では、日本語よりはるかにたくさん「ありがとう」と「どうぞ」を言う。言葉は、全部はわからなくても、それぐらいは聞き取れる。

我々より上の年代は、人をほめることや感謝の念を表現することがうまくない。我々もその傾向がある。

会社でも、ベテランがいい加減な挨拶をすることがある。感謝の意をしっかり表さないこともある。**照れ臭がらずに、言葉でしっかり気持ちを伝えよう。**

社長と新入社員は、何が違うのか。仕事が違うだけであって、人間であることは一緒だ。大会社と中小企業も人間としては同じである。お店にやってくる客も店員も同じ人間だ。

しっかり感謝の意も人に表せないビジネスパーソンが、いったいどんないい仕事ができるのだろうか。**他人様あっての自分である。他人を思う気持ちがないと会社もうまくいかない。**

50代のあなたから、感謝の言葉をしっかり相手に伝えるようにしていこう。

51歳からのルール

95

思いを文章に残してみよう

念のためにお断りしておきたいが、私はどこの宗教信者でもない。ただ、宗教の存在を否定はしていないし、自分が死ぬ前に何かの宗教の世話になるかもしれない。

だいぶ前だが、人様のお葬式で「お別れの場面」を経験した。いっぱいのお花と愛用品が棺桶に入れられた。お酒が好きだった方なので、お酒もかけられた。

そのとき、私は自分の将来を考えてしまった。**自分の棺桶にはなにを入れてもらえるのだろう。なにを持ってあの世にいくのか**と。残念ながら、お花以外には、せいぜい麻雀牌ぐらいしか思い浮かばなかった。

のちに思ったのが、本が一冊あればたいそう格好いいということだ。たまたまチェーン店小売業の責任者をしていたこともあって、研修用に作成したレジュメや資料がたくさんあった。たくさんのビジネス書にはお世話になったが、自分なりの思うところを書いてみよう。それを棺桶に入れよう。そう思って、別に自費出版でもワードの小冊子でもいいからと書いた。51歳のことだった。それが『他者から引き抜かれる社員になれ』（ファーストプレス、文庫化三笠書房）だ。知り合いのお陰で、運良く商業出版できた。

また数年前、私の遠い親戚が30年も前に書いた冊子にめぐり合った。B5サイズで30ページぐらいの生涯の思い出を綴ったものであるが、ビジネスについても言及していた。

やはり、親戚が書いたものだけに、非常に興味を持って読んだ。知っている人名や場所の名前が出てくるだけでも、他の本とは違う。親近感を大いに抱いた。

私の本を自分の子供や孫が読むかどうかは知らない。が、何代か先の子孫が読むかもしれないと思うと、つたない本を書くことの癒しにもなる。

本にせずとも、自分のことや思うことを文章にしてみてはいかがだろうか。文章の上手い下手など関係ない。恥ずかしければ、死んでから読むようにと言っておけばいい。

書けば、びっくりするほどいろんなことに気づく。反省もあり、今後なにがしたいとも思うようになる。そういう大きな副産物もある。

自分が後世に残せるものは、ほとんどない。子供と文章ぐらいかもしれない。

莫大な財産を残しても、だいたい何代かでなくなってしまう。物も壊れてしまうだろう。子孫と文章は、続く可能性が高いものだ。

51歳からのルール
96

子孫に大事な思いを伝えよう

だれしも、親が自分に言って聞かせたことばが1つや2つは、記憶にあると思う。**人から聞いた、いい話は、自分がかみしめるとともに、後世に伝えることだ。**後世とは、子供だけではなく部下も含む。

中学校時代の恩師から数年前にこういう話をうかがった。

父親と意見の合わない息子が、家出を決意する。

ある日の夜明け前に、荷物を持って、2階から物音を立てないように下りてきた。ふと見ると、台所に電気がついている。なんと、母親が赤飯を炊いて息子の出立を見送ろうとしている。親は、子供の心を十分過ぎるぐらいにわかっているのだ。

だから、子を思う親のありがたみを忘れてはいけないというお話である。あなたが子供に向かってこの話をするかどうかは別にして、仕事三昧の部下にはしてやったらいいと思う。

この話にはないが、私は、母親だけではなく、父親もそれを知っていたが、寝たふりをしていたに違いないと思っている。

先輩から聞いたいい話もぜひ覚えておいて、機会あるたびに後輩や子供に話したいものだ。我が家にはこれといった家訓はないが、先輩や先人の教えを参考にして、60歳までには自分が大事だと思うことを箇条書きにして残そうと思っている。

たとえば数年前、人間力あふれる私の親友は、「普段から自分が嫌だと思う仕事を2つはやっておくことだ」と教えてくれた。自分の好きな仕事はだれでもやるが、嫌なことでも2つぐらいは普段から取り組んでおけというメッセージだ。

受け売りで、この話を後輩にしたところ、非常に納得していた。これも残したい言葉だ。

自分の思いも子供に伝えるべきだ。子供は親の言うことなど聞きたくないものだと、あなたは思い込んでいるかもしれないが、そんなことはない。部下も同じだが、自分の将来に役立つと思えば、しっかり聞くものである。

自分が読んでよかったと思う本も推薦しよう。身近な人の話も大切だが、本もいろいろなことを教えてくれる。

51歳からのルール 97

愛を持って一生人を育て続けよう

前に触れた秋山好古。彼の余生がどうだったか、ご存じだろうか。

『坂の上の雲』には一行で、「故郷に戻って中学校の校長をした」としかない。

実は、私はこの部分が一番感銘を受けている。「一事を成した」好古として。

日露戦争後、陸軍大将であった好古に、故郷松山から当時の松山中学校の校長となって欲しいとの嘆願があった。実際に校長として勤務するのではなく、名前だけを貸して欲しいと。

このまま陸軍に留まれば最高位の元帥となって、恩給もずいぶんと増す身分であったが、好古は陸軍を辞め、東京から松山に単身赴任し、実際に校長として勤務する。

連戦連勝の日本軍の陸軍大将が故郷に帰ってくるとのことで松山は大騒ぎとなった。まさに地元英雄の里帰りである。

好古着任以前のその学校の生徒は、挨拶もしっかりできていなかったという。そこで、好古は、毎日校門に立って、登校してくる生徒全員に挨拶をしたそうだ。

あるとき好古の軍服姿の写真を学校内に掲示したいとの要請があったが、好古は断った。また、戦争の話を講演して欲しいとのお願いも断る。

軍国主義に走る国は、教育の場にも軍事教練を強いてきたが、好古はそれをよしとせず、校長として最低限のことしか受けない。「生徒は軍人ではない」との理由からだった。

好古は、生徒を思い、愛情を持って教育に没頭した。地元では有名な話である。

話は前後するが、日露戦争当時の騎兵隊長の好古は、馬も兵隊も大きいロシアの騎兵隊に遭遇したとき、自軍の騎兵隊に馬から降りて機関銃で戦えと指揮をしたという。部下を死なせたくないとの思いからだ。

戦争という特殊事情があり、権限を持っているにもかかわらず、若い命を大切にしたのだ。

戦場で若い命を大切にしたことと中学で「生徒は軍人ではない」と主張したのは、首尾一貫している。少なくとも私はそう思う。

好古が成したもう1つのこととは、**生涯を通じて人を育てたこと**だと思う。溢れんばかりの愛情を持って人を育てた立派な教育者であり、尊敬の念が絶えない。

まだ私は1つも事を成せていないが、残された人生で一事を成してみたいものだ。

51歳からのルール
98

死ぬことも考え始めよう

昔、ある人からこう聞いた。

「自然死はいいが、不自然死はいやだ」

私は、これに賛成である。

人に寿命があることも「自然」である。

その時代において不治の病もあるが、これも「自然」である。人間は、食物連鎖のトップであると勘違いしている人がいるが、細菌からすればとてもおいしそうな食物なのだ。

病気を含めて「自然死」である。疫病が流行って大勢死ぬのなら、私は自分がその一人であっても仕方がない。

天災はどうか。天変地異が起きて、人間が死ぬのも「自然死」だろう。ポンペイの火山噴火のように噴火や大地震や津波で、地域全体が被災したら、これも「自然死」だ。

非常につまらないことで恐縮だが、私は、地震の「自然死」なら仕方がないと思うが、地震の際の「不自然死」はしたくない。外に飛び出すか、家の中にいるかの決断が迫られるが、私は、家の中にいると決めている。地域一帯の家屋が潰れ、下敷きになって死んだらしかたがない。ただ、1人あわてて外に飛び出して、落ちてきた瓦が頭に当たって死ぬのは不自然死だと思っている。家の中にいればいいのに、じたばたするからいけないのだ。

先に骨折をするのは嫌だとか、駅の階段から落ちないように手すりに届くところを下りるなどと申し上げたのもこれと同じ。死亡まではいかずとも、不自然な怪我である。ちょっと気をつければ回避できることなので、つまらぬ怪我で自分が痛い目に遭いたくない。

「自然死、不自然死」の考え方が、すべての心がまえにつながるとは思わないが、ずいぶん気が楽になる。死に対する恐怖心が半減する。

私はどの宗教にも（今のところ）お世話になっていないが、人類と共に歩んできた宗教もいいかもしれない。一流の宗教は、教えがよくできている。人が死ぬことをできるだけ恐れないように、なんらかのストーリーが準備されている。

仏教の定命《じょうみょう》という考え方も、死に対する恐怖心を和らげる。自分にもいつ来るかわからないが、定められた寿命をまっとうして死が来る。それまでいい生き方をしようとの考え方だ。

いい生き方をし、いい死に方をしたいものである。

51歳からのルール

99

子孫に美田を残そう

人生においても会社においても、**自分の時代に刈り取るだけではなく、むしろ次世代のために種をまけ**との私の先輩の教えである。

50代の中で、今後役員に残れるか、残れないかの大きな瀬戸際を経験していく人がいると思う。会社に入った以上、大きな舞台で仕事をしたいと思うことは立派であるし、役員になることが会社生活での大きな目標の1つであってもまったくおかしくない。

しかし、**瀬戸際で無理をしてはならない**。

これまでは会社のことを考え、冷静に真面目に行動してきた人たちも、自分の瀬戸際を目の前にすると豹変してしまうことがある。役員になれるか、定年退職となるかの大事な瀬戸際である。目がくらむのだ。

それなりの成績を収めないと、役員選抜には勝てない。

結果、無理をして目先の収益を上げようとし、短期的判断をしがちなのだ。将来のために種まきをすることより、今利益を上げることに集中してしまう。部下に対しては売上・利益の短期的極大化を求める。客先にも無理を押し付けてしまう。

また、これまで慎重であった人が、急に投資案件を推進しようとする。これまでならイチかバチかの案件を推進しなかった人が、やれと言う。カジノで負けている人が、最後に残った金を全部張る姿に似ている。カジノで張るのは自分の金だが、これを会社の金でやろうとする。

短期的な無理は、将来の禍根となる。むしろ、将来の会社の収穫を考えて、必要なしくみ作りであるとか、長期戦略がいる。

将来の会社を考えているのか、目先の自分を考えているかの違いである。

こういう動きはトップも認識し、部下もやんわりと諫めなければならない。

晩節を汚さないためには、晩節になる前から考えておかなければならない。

晩節前の無理な行動や出世欲が、結果としてあとで「汚れ」として現れてくる。

50代から利他であるとか社会に対する貢献を考えるようになっていれば、結果として晩節を汚さずにすむのではないだろうか。

51歳からのルール

100

晩節を汚さない

人生の晩年を汚すべきではない。

私と同年代の親友が、一緒に飲むたびにこのことを言う。それが心に突き刺さって、抜けそうにない。具体的には、「晩節を汚さない」という本を書いたらどうかということを言ってくれたことから始まる。

「とんでもない、これまでずっと汚してきた人生であり、書くにはこれから何十年も修行をしなければいけない」と答えたが、その時以来、よくそれについて考えるようになってきた。

よく知られている話であるが、「メザシの土光さん」はすばらしい。石川島播磨工業を再建し、経団連会長を経て、臨調会長として行政改革を推進した。「個人は質素に、社会は豊かに」という母の教えを忠実に守り、これこそが行政改革の基本理念であると信じて、微力を捧げて参りました、とコメントされたという。

率先垂範を貫かれた人であった。高い地位にいながら質素に生活することなどは、後世がなかなか真似のできない生き方である。

正直な人生を送る人や清廉で心の豊かな人は、世の中に幾分かはおられるだろう。しかし、企業のトップとして、生涯で一事を成した人がこういう生き方をされたのが立派だと思う。

私は、元楽天イーグルスの野村監督のファンでもある。弱小チームをパ・リーグで2位に引っ張り上げた功績は、たいしたものだと尊敬する。南海ホークス時代からの地道な生き方やボロボロになっても現役を続けたその勇気にも感動した。多くの人も共感していると思う。

ただ、今回イーグルスを退団するに当たり、「チームは好きだが、球団はダメ」「仕事をよこせ」などの余計な言葉が残念である。言わなくてもみんなわかっていることを言って、ほんの少しだけ晩節を汚している。それが野村監督のいいところだという意見もあろうが。

身の回りのどんなタイプの人が晩節を汚さない人だろうかと考えることがある。

さわやかな生き方をしている人、正直に生きている人もそうだと思う。**他人に思いやりがある人**や、**ガツガツしていない人**もそうかもしれない。

私も、まだまだこの課題に対して回答を持っているわけでもなく、これから考えていかなければならないことだ。読者からのご教示をぜひお願いしたいところだ。

できるだけ晩節を汚さぬよう、そう心がけて、生きたいものだ。

あとがき

あとがき

「夕日がすでに沈んでしまっても、たなびく雲が残照にきらめく景色はすばらしい。また歳が暮れようとしているときにも柑橘類は元気でいい香りをしている。ゆえに、晩年には、精神を奮い立たせるべきである」

「日既《すで》に暮れて、而《しか》も猶《な》お烟霞絢爛《えんかけんらん》たり。歳将《まさ》に晩《く》れんとして、而《しか》も更に橙橘芳馨《とうきつほうけい》たり。故《ゆえ》に末路晩年《まつろばんねん》、君子《くんし》更《さら》に宜《よろ》しく精神百倍すべし」（菜根譚《さいこんたん》）

晩年こそ光り輝くすばらしいときであるとの教えである。

平均寿命を考えても、**まだ50代・60代は、晩年には至ってもいない。壮年と呼ぶのがふさわしいだろう。我々が晩年を輝かしいものにするために、今から準備しておくことも可能である。**

やろうと思えば、これからもできることが、まだまだたくさんある。

人生さまざまである。

若い頃からなにもしないで、そのまま歳を取って終末を迎える人。

若い頃からひどいことをしてきて、そのつけが回ってあっけない終末を迎える人。

いい人生を送って、素晴らしい終末を迎える人、など。

しかし、**終末を迎えるのなら素晴らしい終末としたい**ことに多くの反論はないだろう。


壮年は、これから人生を再スタートできる時期だ。

昨日まではどうであれ、これからいい人生を送って素晴らしい晩年を迎えたい。その準備期間である。


学ぶこともいくらでもあり、まだまだ自分を高めることができる。学びに関しては、歳を気にしなくてもいい。少しずつでも、学びから会得したことや経験を生かして人を育て、社会に貢献し、世の中の順送りに貢献することが、素晴らしい晩年とする一歩ではないか。

晩年を人生の黄金期としてその準備をするのもいいし、今から残りの人生全部を自分の黄金期としてもいい。

ずいぶん偉そうに申し上げたが、私はこれまでの人生で、ろくなことをしてきていない。むしろ人様に言えない恥ずかしいことがいっぱいだ。しかし、晩年だけは素晴しかったと自画自賛できる終末を迎えたい。

繰り返しになるが、人生さまざまであり、いろいろな生き方がある。人はこうあるべきなどと生意気なことを言うつもりは毛頭ないが、多少なりとも本書の読者のご参考になれば、私の冥途行きの土産になり、嬉しい限りである。

2010年4月

古川　裕倫

■著者略歴
古川 裕倫（ふるかわ・ひろのり）

株式会社多久案代表。日本駐車場開発株式会社社外取締役。

1954年生まれ。早稲田大学商学部卒業。

1977年三井物産入社、23年間勤務（エネルギー本部、情報産業本部、業務本部投資総括室）。その間、ロサンゼルス、ニューヨークで通算10年間勤務。

2000年株式会社ホリプロ入社。同社取締役執行役員経営企画室室長兼子会社ホリ・エンタープライズ社長、2007年株式会社リンスステーション副社長を経て、現在、株式会社多久案代表、ビジネスアドバイザー。

日本駐車場開発株式会社 社外取締役を務めるかたわら、「先人・先輩の教えを後世に順送りする」ために講演・研修活動を行う。ビジネスマンの勉強と交流のために、「プラチナビジネス塾（講演会＋異業種交流会）」を主催している。

主な著書に『他社から引き抜かれる社員になれ』（ファーストプレス）、『［バカ上司］その傾向と対策』（集英社新書）、『女性が職場で損する理由』（扶桑社新書）、『仕事の大切なことは「坂の上の雲」が教えてくれた』（三笠書房）、『ついていきたいと思われる大きな器のリーダーになれ』（ファーストプレス）他多数。

公式ウェブサイト：http://www.taku-an.co.jp/
公式ブログ：http://www.taku-an.co.jp/blog/

ご意見をお聞かせください
ご愛読いただきありがとうございました。本書の読後感想・御意見等を愛読書カードにてお寄せください。また、読んでみたいテーマがございましたら積極的にお知らせください。今後の出版に反映させていただきます。
☎ (03) 5395-7651
FAX (03) 5395-7654
mail：asukaweb@asuka-g.co.jp

あたりまえだけどなかなかできない　51歳《さい》からのルール

2010年　5月　10日　初版発行

著　者　古《ふる》川《かわ》裕《ひろ》倫《のり》
発行者　石野栄一

〒112-0005　東京都文京区水道2-11-5
電話 (03) 5395-7650（代表）
(03) 5395-7654（FAX）
郵便振替00150-6-183481
http://www.asuka-g.co.jp

明日香出版社

■スタッフ■ 編集 早川朋子／藤田知子／小野田幸子／金本智恵／末吉喜美／久松圭祐
営業 小林勝／浜田充弘／渡辺久夫／奥本達哉／平戸基之／野口優／横尾一樹／後藤和歌子 大阪支店 梅崎潤 M部 古川創一 経営企画室 落合絵美 経理 藤本さやか

印刷　美研プリンティング株式会社
製本　根本製本株式会社
ISBN 978-4-7569-1382-1 C2036

編集担当　藤田知子

古川ひろのりから読者の皆様へのお願い

本書を最後までお読みいただきありがとうございました。

本文に書かせていただいたように、私の信条は、先輩・先人の教えを後世に順送りすることです。

これまでに教えをいただいた諸先輩や多くの書籍に感謝をするとともに、その御礼としてできるかぎり後世の皆様のお役に立ちたいと考えております。

私から、お伝えしたい先輩・先人のメッセージがたくさんあります。就職を考える大学生にも、新入社員にも、若手リーダーにも、中堅社員にも、私と同年代の幹部や会社のトップにも。

本を書くことは、自分のメッセージを伝達する一つの媒体ではありますが、読者から私へのリターンメッセージが少なく、執筆者としてはがゆい思いをしております。

他方、講演や研修は、参加者と同じ場所で同じ空気を吸いながら、双方向のコミュニケーションを取ることが可能です。

私は、最近まで会社勤務をしており、本は書くことはできても、講演や研修はできませんでした。今は、勤務を終えましたのでそちらの活動が可能となりました。ぜひお声がけをお願いします。

研修のあり方についても、生意気ながら自分なりの意見があります。形式倒れや研修のための研修に終わってしまっているものをよく見聞きします。トップが研修の重要性を認識していても、実際は人事担当やコンサル会社にまる投げの組織があるようです。どのような階層がどんな研修を受けるべきか、本当に部下を育成されたいと思われる読者の皆様とお話をさせていただきたく機会があれば幸甚です。

ここまでお読みいただいた御礼に、若手からトップまでにお伝えしている私のショートメッセージを一つご紹介します。もしご賛同いただけましたら、スピーチなどでお使い下さい。

「あいうえお人間になろう、かきくけこ人間にならない」

あ	明るく	か	かたくなで
い	活き活きと	き	気ままで
う	上を向いて	く	暗く
え	笑顔で	け	ケチで
お	おもしろく	こ	こわい

読者の皆様におかれましても、次世代の人材育成のために、先輩・先人の教えを後世に順送りされるようお願いし、一層のご健勝を祈念いたします。

ありがとうございました。

公式HP：http://www.taku-an.co.jp/

あたりまえだけどなかなかわからない
取締役のルール

天野　隆著

05 年 10 月 発行
ISBN7569-0930-2

部下の育成・業績貢献、そして社長の応援団。
取締役の仕事はその 3 つだ。
一般社員との間には大きな溝がある。
考え方にしろ、仕事の内容にしろ、課長、部長の延長線上に取締役はない。

取締役が仕事をする上で、「あたりまえだけどなかなかできない」項目を 101 にまとめて解説する。

この本の兄弟本です

あたりまえだけどなかなかできない
42歳からのルール

田中　和彦著

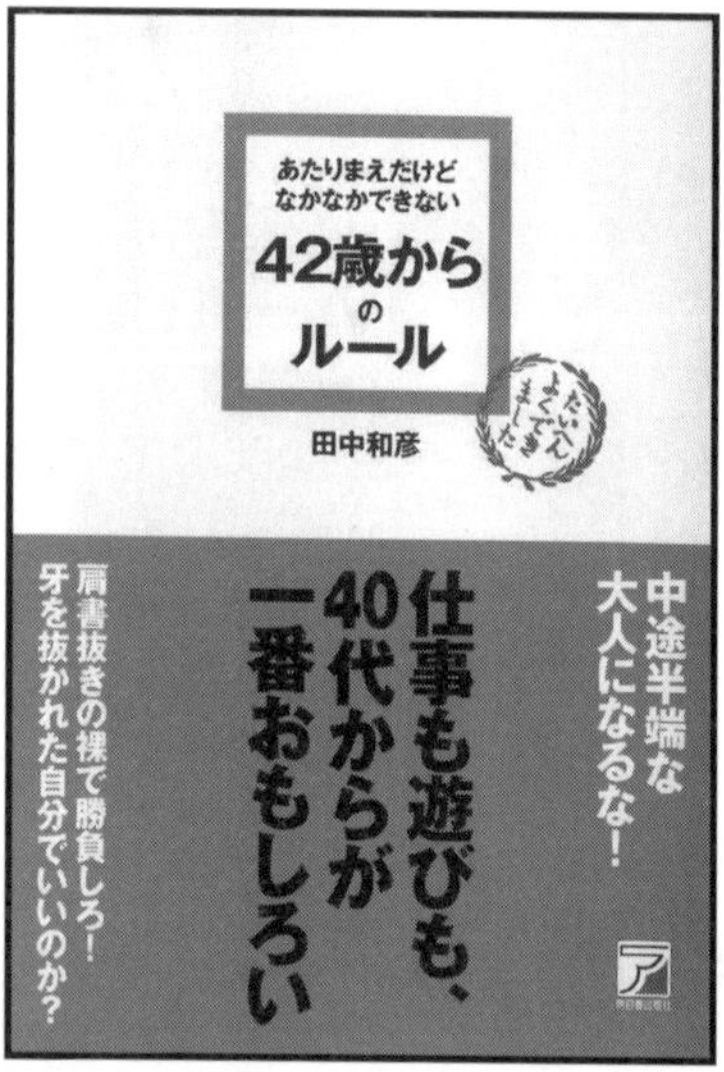

10年01月発行
ISBN978-4-7569-1355-5

「不惑」なんてとんでもないのに、肉体と気力の衰えは隠せない40代。このままつまらないオヤジになるのか、人生の折り返し点をどう踏み出すかが後半戦を決める。

著者は、40歳でリクルートの情報誌４誌を束ねる編集長（花形）から新聞の求人広告を見て映画プロデューサーへはじめての転職。表題の42歳は、はじめてハローワークに通い、失業保険をもらった歳だった。

しかし、人生の本当の勝負は42歳から。そして、実は、仕事も遊びも４０代が一番おもしろい。
冒険心を呼び覚まして、ワクワクする人生後半戦を送るための人生の捉え方、キャリアや仕事のルール、優先順位が低くなりがちな家庭や遊びの考え方、学び方まで100項目で提案する！